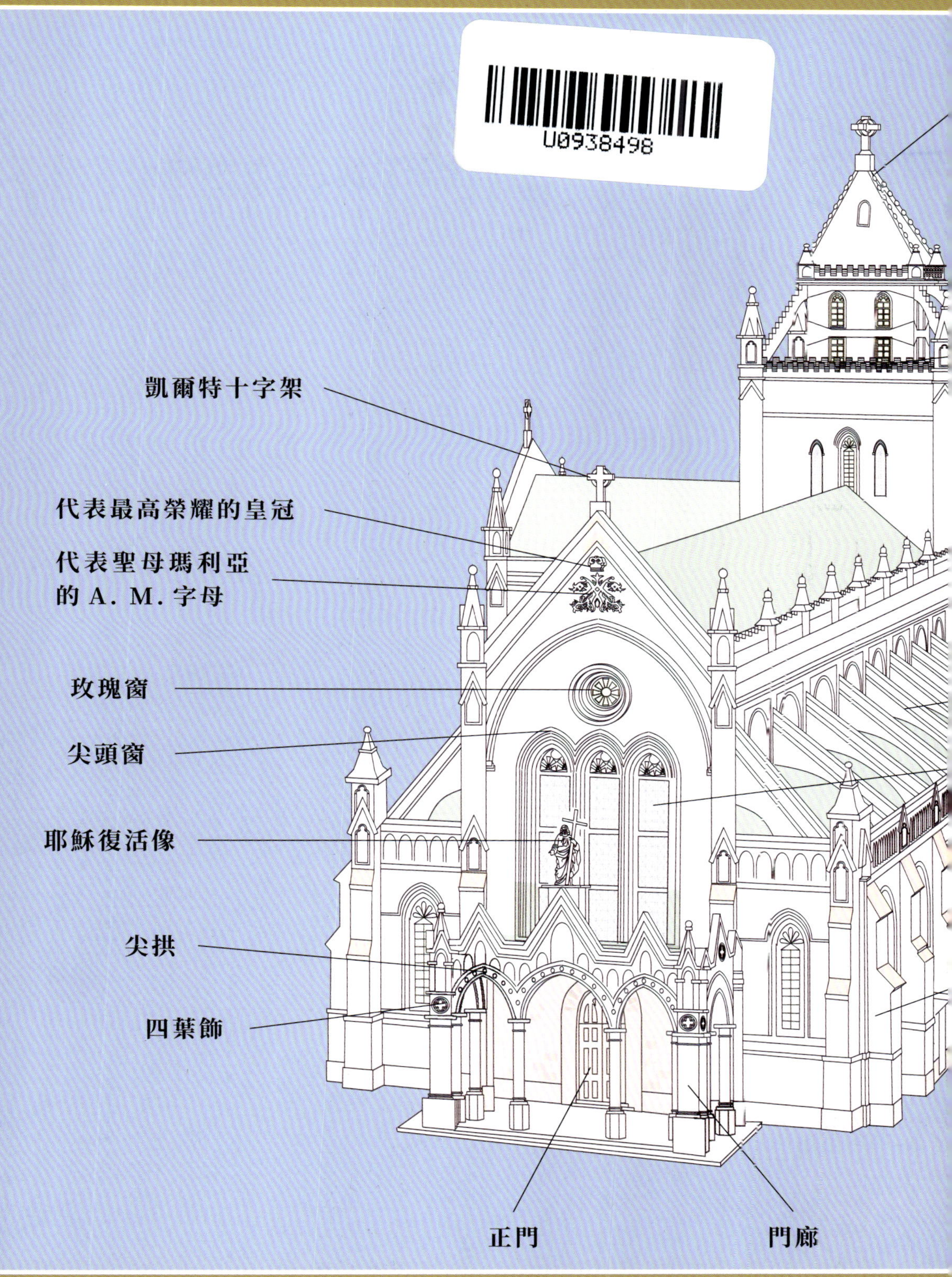

U0938498
凱爾特十字架
代表最高榮耀的皇冠
代表聖母瑪利亞的A. M. 字母
玫瑰窗
尖頭窗
耶穌復活像
尖拱
四葉飾
正門
門廊

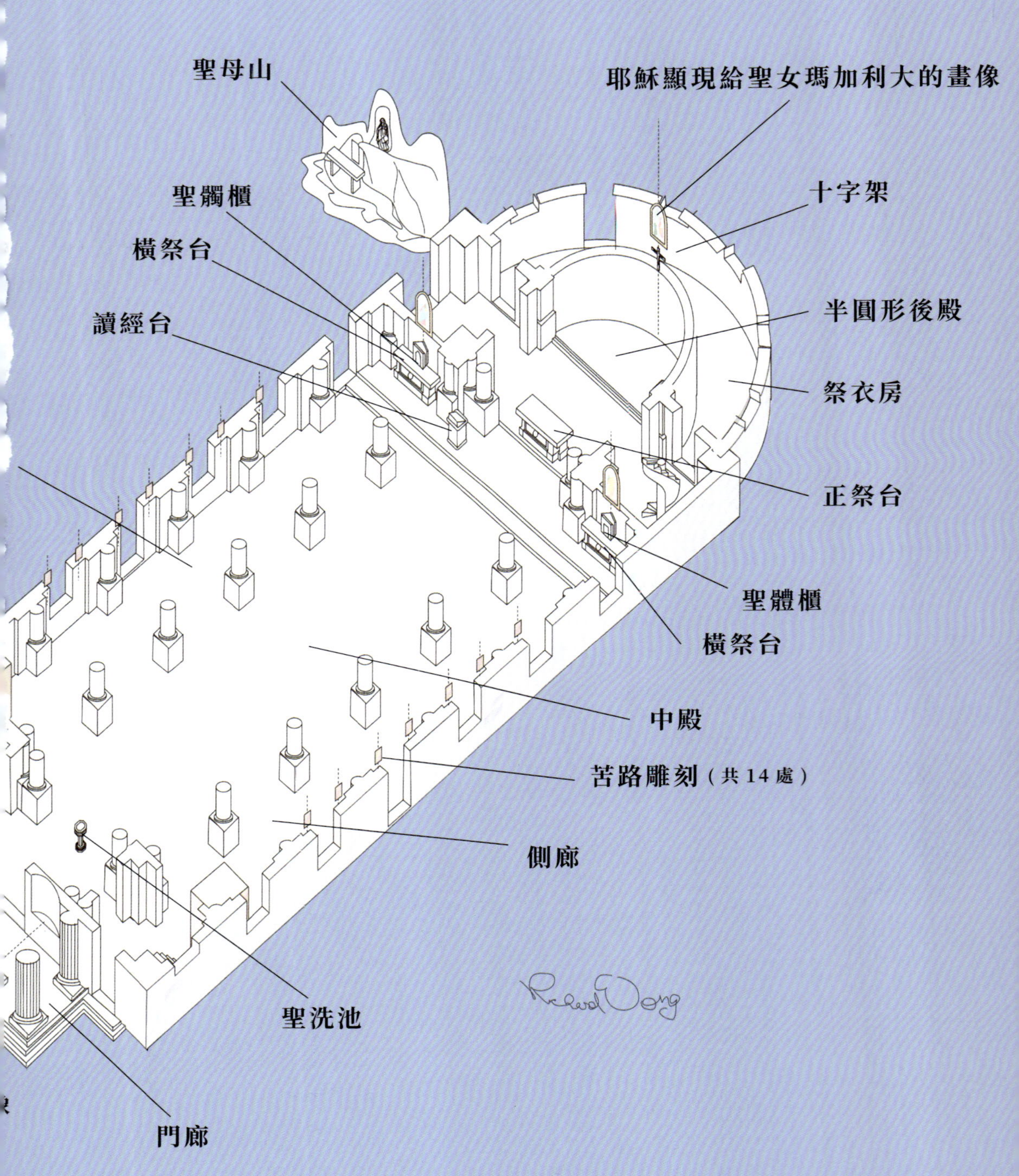
聖母山
耶穌顯現給聖女瑪加利大的畫像
聖髑櫃
十字架
橫祭台
讀經台
半圓形後殿
祭衣房
正祭台
聖體櫃
橫祭台
中殿
苦路雕刻（共 14 處）
側廊
聖洗池
門廊
Richard Wong

聖瑪加利大堂

位於跑馬地黃泥涌道與樂活道交界的聖瑪加利大堂，1923 年奠基，1925 年祝聖。它由意大利建築師設計，平面採用巴西利卡式，入口在短邊，另一短邊是向外凸出的半圓形聖所，背壁有「耶穌顯現給聖瑪加利大」的畫像。教友所坐的地方，以兩列支柱分隔出中殿和兩邊側廊，側廊擺放十四處苦路木雕，近門口設有修和室供教友告解。

教堂的門廊左右各放置一座巨形雕像，分別是聖伯多祿宗徒和聖保祿宗徒。入門後即見聖洗池，表示洗禮是入門聖事的第一步。它與聖所的正祭台相對，教友由門口步向祭台，象徵生命的旅程由領洗至死亡，繼而通向永生。正祭台和讀經台是教友的焦點所在，左右兩側各有橫祭台，一邊放聖體櫃，一邊放聖髑櫃。

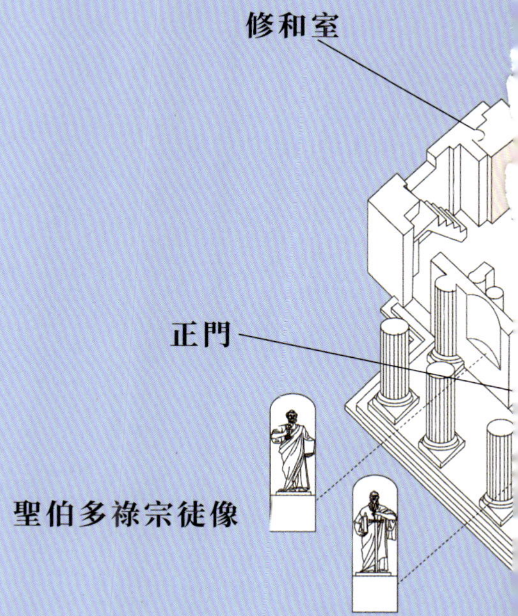

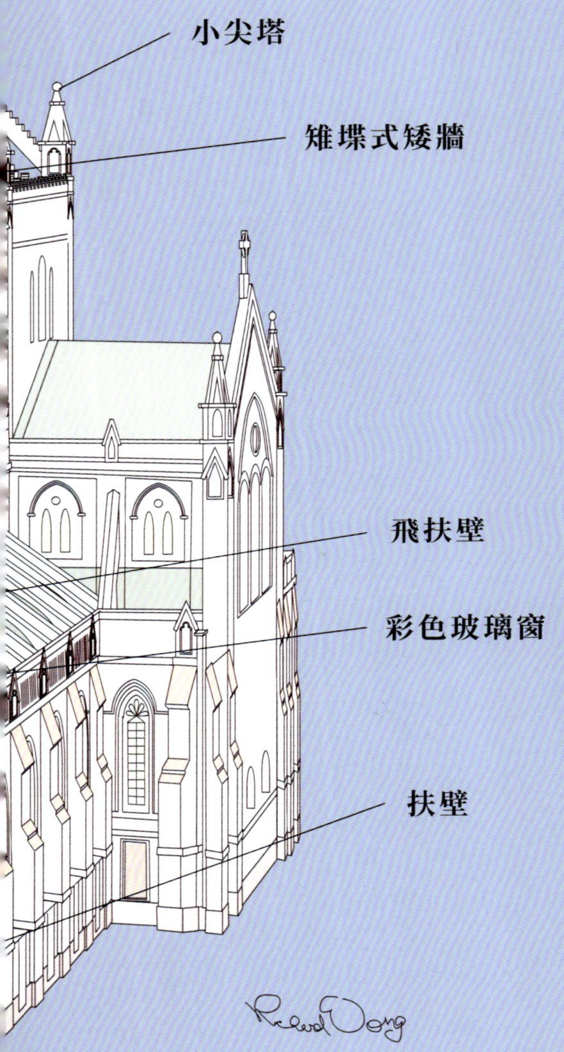

聖母無原罪主教座堂

中環堅道的聖母無原罪主教座堂於 1888 年落成，由英國建築師樓設計，平面呈拉丁十字型，因受地形限制，左右兩臂不對等。建築風格為哥德復興式，周圍可見大小尖塔和尖拱，上下層分別加了飛扶壁和扶壁。四面牆壁裝上彩色玻璃窗，部分以聖經故事和聖像為題材，富有宗教氣氛。

主教座堂於 1952 年進行龐大的修葺工程，頂部加建中央尖塔。1969 年為配合梵蒂岡第二次大公會議的禮儀革新要求，進行內部裝修，將主祭台移至中央的十字交叉點。2002 年翻修後，獲得聯合國教科文組織亞太區文化遺產保護獎的「榮譽獎」，評審認為工程團隊透過維修和提升設施，鞏固原來的結構，令這座宗教地標再展姿采。

神聖空間

香港基督宗教建築

陳天權 文·攝影

中華書局

目錄

1963

龍炳頤 序

教堂建築是宗教與信仰的實體表徵，建築本身喻示着特定時期所推崇的教義和神學信念。若將建築視為文化的載體，那麼教堂建築便是基督宗教傳達信仰的語匯。透過建築本身，我們可以體會並感受那些被歷史所沉澱的基督宗教信仰。正如 Fr. Kevin Seasoltz 所言：「倘若我們將宗教視為探索與揭秘人類生存和生活意義的知識體系，那麼她便是一種非凡的文化。宗教透過符號、儀式、神話、故事、隱喻等方式來交流、分享、傳播信仰，而非僅僅停留在宣讀教義與信條上。」[1]

公元 325 年，羅馬皇帝君士坦丁大帝（Constantine the Great）主導了第一次大公會議——尼西亞公會議（Council of Nicaea），並制定了《尼西亞信經》（*The Nicene Creed*）。至此，基督宗教國教化。爾後一千多年，基督教義不斷地被不同的神學家所解讀，其中較為人知的便是 1517 年馬丁·路德（Martin Luther）所編著的《九十五條綱論》（*Ninety-five Theses*）引發了基督宗教的改革運動（Reformation），從而分離出了「新教」（Protestantism）。[2]

---

1 英文原文為："Religion is certainly the preeminent cultural institution if by religion we mean that institution which seeks to disclose the deepest meaning of human experience or what is ultimate in life. Religion itself is communicated, shared, and transmitted above all through symbols, rituals, myths, stories, and metaphors rather than through doctrinal statements and creed." 詳見 Seasoltz, R. Kevin, *A Sense of the Sacred: Theological Foundations of Christian Architecture and Art* (New York: Continuum, 2005), p.2.

2 基督新教包含了聖公會（Anglican Church）。聖公會為英國國教，雖然與馬丁·路德的宗教改革原因不同，但是亦屬基督新教。殖民管治時期，坐落於香港花園道的聖約翰座堂（1849）的前排位置便是預留給英國皇室成員用的。見龍炳頤：《香港古今建築》（香港：三聯書店，1992），頁 81－84。

在歷史的演變進程中，教堂建築一直是詮釋基督教義的重要組成部分。早期 4 世紀或以前，羅馬和中亞、埃及等地區的一些教堂就是由住宅改建而成，也有一些教堂原本是羅馬帝國的行政樓（Roman basilica），改建後主要是加了洗禮池而已。隨着政治及教廷權力轉移，文化、建築技術、教義的演變，加上教宗的喜好，便出現了不同時期的建築風格：如 6 世紀拜占庭（Byzantine），7－8 世紀羅馬式（Romanesque），11 世紀哥德式（Gothic），15 世紀以後的意大利文藝復式（Italian Renaissance）、巴洛克式（Baroque）和洛可可式（Rococo），18 世紀的新古典主義（Neo Classical）及 19 世紀的新哥德式（Neo Gothic），與此同時在 19 世紀產生的現代主義（Modernism）及 20 世紀的後現代主義（Post Modernism）等教堂型態。正因為不同時期對基督宗教教義的不同理解，衍生出不同的崇拜禮儀、聖品人員的禮服及風格各異的教堂建築，其外觀、佈局、裝飾等都反映了特定教義解讀下的獨特建築表徵。隨着 15－16 世紀航海技術的發展以及歐洲帝國主義霸權的興起，不同風格的教堂建築亦陸續在美洲、非洲、大西洋洲及亞洲出現，其教堂建築的表徵均顯示出其宗主國對地方文化的影響。

基督宗教在公元 7 世紀唐代時傳到中國，是為大秦景教。[3] 16 世紀時又在天主教耶穌會傳教士聖方濟・沙勿略（Saint Francis Xavier）、羅明堅

3　大秦景教即唐代傳入中國的基督教聶斯脱里派（Nestorianism），也就是東方亞述教會（Assyrian Church of the East）。景教起源於今日敘利亞，是從早期教會分離出來的教派，其後在波斯建立教會。彼時景教盛行於長安。

（Michele Ruggieri）、利瑪竇（Matteo Ricci）等神甫努力下經澳門傳入中國。19 世紀基督教倫敦傳道會派馬禮遜牧師（Rev. Robert Morrison）來華，於 1807 年經澳門抵達廣州。在 1841 年，基督宗教正式傳入香港，[4] 彼時香港正值開埠時期。目前在香港的基督宗教可分為天主教會（Catholic Church）基督教（嚴格來説應該叫「改正宗教會」Reformed Church 或 Protestant Church），及正教會（Orthodox Church，香港又分俄羅斯正教與希臘正教）。香港的教堂建築在 19 世紀末、20 世紀初的共融、蓬勃、開放，華洋之交融與教會間之共存，體現了香港本土社會的包容性。

教堂建築本應是按照基督宗教所倡導的教義去設計與雕琢，以揭示人類生命的意義，但是現代的香港卻極為不同。由於時代的變遷與衝擊，真正「原汁原味」地反映基督教義的教堂建築可以説是寥寥無幾。開埠後的香港迅速發展，加上地少人多、寸金尺土，教堂建築也只能在夾縫中發展，在有限的空間中尋求理想的表達方式。此外，由於客觀環境的限制，包括選址、朝向、採光等，令其建築之規模、等級均不能與西方相比。

4 羅馬天主教會於 1841 年在香港設立傳教區；此前香港在羅馬教廷的劃分下屬於澳門教區。現時西貢鹽田梓村為香港少數充滿天主教特色的村落，早在 1840 年左右，便有天主教修士在西貢傳教，村中聖若瑟堂建於 1890 年；而位於中環的第一座聖母無原罪主教座堂則於 1843 年完成，後於 1883 遷至堅道現址建新堂。基督教亦於 1841 年傳入香港，如浸信會創立於 1842 年，下市場堂（即後稱道濟會堂及今日合一堂）1843 年，佑寧堂 1844 年，聖公會聖士提反堂 1865 年，公理堂（即孫中山洗禮的教會）1883 年，位於九龍第一座聖公會教堂（即聖三一堂）則建於 1890 年。

人與事的緣份就是這麼微妙，而學問之「傳」與「承」亦貴不可言。和陳天權兄相識二十載，1990 年代他任職新聞工作時，彼此情誼源於當年的一篇香港古蹟的採訪，及後他對古建築產生了濃厚興趣，並於 2004 年修讀香港大學的建築文物保育課程，加深學術上的研究。學而優則著，天權兄著書甚豐，先後出版了多本香港古蹟與歷史的書籍，如今新作《神聖與禮儀空間：香港基督宗教建築》，更將香港本土的教堂建築作出全面總覽，填補了香港教會古建築的空白。

龍炳頤教授
2018 年聖靈降臨節

參考文獻：

Ian Sutton. *Western Architecture: A Survey from Ancient Greece to the Present*. UK: Thames and Hudson, 1999.

Mircea Eliade, translated by Willard R. Trask. *History of Religious Ideas, Vol. 2: From Gautama Buddha to the Triumph of Christianity*. Chicago: University of Chicago Press, 1984.

R. Kevin Seasoltz. *A Sense of the Sacred: Theological Foundations of Christian Architecture and Art*. New York: Continuum, 2005.

樊樹志：《晚明大變局》，香港：中華書局，2017。

龍炳頤：《香港古今建築》，香港：三聯書店，1992。

夏其龍 序

陳天權先生喜好旅遊，足跡遍及世界各地，見識廣博。一位旅行家肯定有充分的好奇心來推動他到處闖蕩。一旦放下行李，旅行家就變成了歷史學家；所有歷史人物、事件、地方都能吸引他去研究。陳先生願意慷慨地將所見、所聞、所收集及發掘到的珍貴資料與讀者分享，難怪他以身為自由撰稿人而自豪。

這一本有關神聖空間的著作，是他對香港基督宗教建築的研究成果。他表示雖並非教會中人，但卻十分鍾情於香港教會歷史建築。他一腔熱誠撰寫此書，是為了希望讀者認識那些隱藏在香港的珍貴教會歷史建築。

書中他對基督宗教傳入香港、九龍、新界的過程，巧妙地從香港教堂設計的演變中反映出來，而且以介紹基督宗教節日的方式，給讀者提供資料更深入了解這些歷史建築的意義。他更以圖文並茂的方式解讀教堂的密碼，這是難能可貴的事；他亦費心將東正教傳入香港的歷程介紹給讀者。

為了陳天權先生所付出的這些心思和努力，我衷心向他表達我的謝意。

夏其龍神父

2018 年 4 月

李浩然　序

第一次與本書作者陳天權見面（我習慣以他的英文名字 Anthony 作稱呼），已經是 14 年前的事了。當年他來香港大學面試，申請報讀建築文物保護碩士課程時，已經感覺到他是一個有高深學問的人。當他被錄取成為碩士生後，更加發現他果然非常有學問，因為他在上課的時候，經常發問一些有關香港歷史的細緻問題。當我不能回答同學時，他就會提供詳細答案。有同學擔心我會不高興，我説沒有這回事，因為碩士課程就應該如此師生們互動交流，而且我很開心可以從中學習到不少關於本土的歷史。

Anthony 對本地史有如此深入的認識，是因為他在這方面的研究就是他工作一部分 —— 他是一位專業作家，專門寫香港文化和建築文物等主題。除了出版書籍之外，亦有在報章上寫專欄。他畢業後，我們成為好友，時常交換資料，有時候他會興高采烈地跑來説他的新書出版了，特地贈送一本給我，所以我辦公室的書架上有一整列是他的著作。

在我眼中，Anthony 絕對不是一般的作家，他的著作非常有學者風範，內容一定經過詳盡資料搜集和深入調查，經過分析和核證後才完成。所以每次閱讀他的作品，感覺上不只是在看書，還像在閱讀研究論文。老實説，Anthony 這本有關香港教堂的新書，我還未看過一本如此詳盡分析本地基督宗教歷史、建築與文化的著作。所以，當他邀請我為此書寫序的時候，我感到非常榮幸。

2014 年我在灣仔一所教堂舉行婚禮，Anthony 給了我一個驚喜。在沒有事先告訴我的情況之下，以專欄記者身份在報章上報道了我的婚禮，內容提及了我外籍太太家族歷史和香港地名的關係。記得當時在教堂中，我介紹他為我的好友時，他馬上回應説我是他的老師，我亦向 Anthcny 説：「你也是我的老師啊！」

李浩然博士

2018 年 4 月 18 日

林社鈴　序

感謝天權弟兄的邀請，為他的新書《神聖與禮儀空間：香港基督宗教建築》作序。認識天權弟兄已有接近二十載，他曾是新聞工作者，喜好遊歷，足遍天下，近十多年回歸本地歷史和文化，我們亦因而在香港大學校外進修部的文物保育課堂中認識。天權弟兄 14 年前在香港大學修讀建築文物保育碩士課程，之後轉職自由撰稿人，以他的文筆先知性地推動本地歷史、文化和保育，並為不同的文教團體及學校擔任顧問、文物課程導師及本土文化歷史導賞員。

他近年在香港遍訪基督宗教不同的傳承，先後發表過一系列相關的文章，現在加以整理、補充和滙集，成為了這一本深入淺出介紹香港教堂建築、歷史、禮儀和文化的好書。天權弟兄雖然謙稱自己是基督宗教的門外漢（layman），但他比更多「基督徒」認識和了解基督宗教。除了有系統地搜集資料和研究外，他亦身體力行，實地考察了天主教、正教和基督新教等不同宗派的教堂建築，親身參與和經驗他們的禮儀、節慶和活動，以第一手的資料，現場的所見所聞、感受和照片、口述歷史和訪問，再加上自己的見解，寫成這本不可錯過的專題論作。

這書是天權弟兄寫給大眾看的普及書本，因此盡量少用宗教式語言，只是精簡地講出重點，更不是一本嚴肅論述基督信仰的書。天權弟兄希望能以此書作為導讀，引發大眾的興趣，造訪本地不同的教堂建築，明白教會背後的歷史、建築和藝術，以及基督宗教在香港文化、歷史與發展中的見證。

林社鈴執事

文物保育建築師

2018 年 5 月

前　言

香港島開埠不久，西方傳教士紛至沓來，建立教會和興建教堂，傳教之餘也向民眾提供教育、醫療等服務，將西方知識引入這個小島。經歷百多年，歷史悠久的教堂已成為城中地標，教會亦與社會同步成長，見證時代變遷。

教堂是信眾聚會的場所，亦是信眾與上帝（天主）溝通的神聖空間。每個年代的教堂會因應當時流行的風格而設計，部分運用藝術手法展示宗教意念，增添姿采。本書以基督宗教的建築物為主軸，以港島為起點介紹教會的傳教歷程，以現存教堂為例子闡述其建築特色，並解釋教堂的裝飾圖像和象徵符號，令讀者參觀時增添欣賞趣味。

基督宗教（Christianity）分開羅馬天主教（Roman Catholic church）、正教（Orthodox church，一般人慣稱東正教）和新教（Protestant church，一般人慣稱基督教）三大宗派，均源於一脈，核心理念一致。香港過去出版有關教會或教堂的書籍，普遍只集中某一宗派或某一教堂，我今次嘗試將三大宗派融入書中，包括甚少人注意的東正教和東方教會，希望讀者對香港的教堂有全面的了解。

根據 2024 年《香港年報》資料，本港約有 104 萬名新教教徒，逾 70 個教派，約 1,300 所會堂以華語宣道。天主教徒約有 392,000 名，天主教香港教區設有 52 個堂區，包括 39 座教堂、30 座小堂和 26 個彌撒中心。東正教和東方教會方面，現有希臘、俄羅斯及科普特正教會在香港設立牧區。

「聖公會」屬於新教一支，但其制度和禮儀跟從天主教的傳統，教堂富有裝飾，彩繪玻璃窗可見聖像，並設有跪凳和十四處苦路像。不同的是，聖公會的神職人員稱為牧師，可以結婚，還有女性被按立為牧師。

天主教和聖公會均設有主教一職，管理所屬教區，主教所駐的教堂稱為主教座堂（cathedral），內有主教座位（cathedra）。主教座堂對外開放，容許市民入內靜思或祈禱，星期日舉行公眾彌撒或崇拜。至於各區的教堂（church），駐有神父或牧師，天主教的教堂一般都對外開放。

天主教還設有小堂（chapel）和彌撒中心（mass centre）。小堂是附屬於天主教機構、修會、學校、醫院或墳場的聖堂，供有關人士使用，大多數不對外開放。小堂沒有神父常駐，舉行彌撒時才有神父到來主持。彌撒中心是因應堂區範圍較大、聖堂空間不足而加設的崇拜場所，通常借用學校禮堂舉行彌撒。

除了聖公會，其他新教教堂普遍不重花巧裝飾，設計平實，佈置像禮堂，沒有跪凳和修和室，不設聖像、聖像畫和苦路像，祭壇只懸掛簡單的十字架。此外，新教和天主教對《聖經》的人名和地名有不同譯法，書中提到天主教建築時會採用天主教的譯法，其他則用新教譯法。

本書介紹的教堂多來自早期教會，兼具歷史和建築價值，當中不少已獲評級或列為法定古蹟。後者有聖公會聖約翰座堂、前納匝肋修院（今大學堂）、伯大尼修院（今香港演藝學院伯大尼校園）、前法國外方傳道會大樓（現供法律相關組織使用）和九龍佑寧堂等。它們均受法律保護，可以留存後世。

然而沒有被評級或評級較低的教堂，面對空間不足及土地有價，則有可能被拆卸重建。曾是灣仔大佛口地標的循道衛理聯合教會香港堂（1936年），以紅磚築砌，十分矚目，但上世紀九十年代被拆，教會與發展商合作興建二十三層的商業大廈，樓下九層供教會使用。同樣位於灣仔的天主教聖母聖衣堂（1950 年），亦於九十年代拆卸，天主教區與發展商合作重建成四十二層高的住宅大廈，只有地下兩層留給聖母聖衣堂使用。

禮頓道的中華基督教會公理堂（1950 年）屹立銅鑼灣超過半世紀，2010 年拆卸，建成二十四層高的大廈，外貌與周邊的高層商廈無大分別。灣仔皇后大道東的循道衛理聯合教會國際禮拜堂（1965 年）於 2014 年底拆卸，兩層高的麻石教堂變成二十二層的摩天大廈，失去往日特色。

2017 年更有三間教堂相繼拆卸重建，首先是長康街的北角衛理堂（1962 年），之後是跑馬地雲地利道的基督復臨安息日會先導紀念堂（1939 年），接着是中環堅尼地道的佑寧堂（1955 年）。後二者雖被古諮會評為三級歷史建築，但逃不過拆卸命運。

位於赤柱村道的瑪利諾神父宿舍（1935 年），糅合中西風格，早被古蹟辦專家建議評為一級歷史建築，但一直未獲古諮會確認。直至該宿舍於 2016 年 10 月售予商人，兩個月後古諮會將之確認為一級歷史建築，不知最後能否力挽狂瀾於既倒？

屯門何福堂會所的馬禮遜樓原是抗日名將蔡廷鍇的別墅（1936 年），1946 至 1949 年用作達德學院校址，1952 年由倫敦傳道會購入，其後交由中華基督教會香港區會管理。2004 年教會計劃拆卸重建，政府未能說服教會保留，唯有單方面宣佈馬禮遜樓為法定古蹟，不能拆卸。雖然保留了建築物，但教會未有打算活化再用，亦不對外開放，令古蹟長期丟空。

許多舊社區正經歷重建，教會亦需要更多空間開拓事工，如何平衡發展與保育，值得教會、教友和社會深思。聖公會聖安德烈堂和粉嶺聖若瑟堂近年擴建時向地底發展，雖然費用大增，但沒有影響原來的歷史建築，值得其他教會參考。

我非教會中人，但一直關注有歷史和建築特色的教堂。撰寫此書目的是希望分享自己的研究心得，引發讀者了解本地教會和教堂，認識歷史演變和設計特色，畢竟它們是香港重要文物的一部分。

陳天權

2025 年 5 月

chantinkuen@hotmail.com

聖母無原罪主教座堂的洗禮池與祭台形成一條軸線，
表示領洗是進入教會的第一步，最終通往永生。

第一章　香港教堂建築特色

香港教堂設計演變

基督宗教自十九世紀中傳入香港，陸續建立教堂，其設計隨着時間而變化，反映每個年代的潮流和審美觀。要分辨和認識不同時期的教堂特色，要先了解歐洲二千多年來的建築發展史。

✠ 古典主義和羅馬式

古希臘、古羅馬文明是歐洲傳統文化之根本，建築物強調對稱和均衡，仿效人的身體為尺度，採用黃金分割比例。古希臘時期開始使用柱式（order），有多利克（Doric）、愛奧尼亞（Ionic）、科林斯（Corinthian）三種柱頭，立面高處有三角楣（pediment）。

到了古羅馬時期，除繼承希臘樣式，亦發明了新的物料和技術，出現圓拱（arch）、拱頂（vault）和穹窿（dome），提升建築物的高度和跨度。柱頭亦增加塔斯坎（Tuscan）和混合式（Composite）兩種，部分建築物加建門廊（porch）或列柱門廊（portico）。學者將古希臘至公元 476 年西羅馬帝國滅亡的建築風格，統稱為古典主義（Classicism）。

公元 330 年，羅馬帝國皇帝君士坦丁一世（Constantine I）將首都由羅馬遷都東面的基督宗教重鎮拜占庭（後稱君士坦丁堡，今土耳其伊斯坦堡）。那時承襲古羅馬的建築特色，又吸取近東藝術文化，形成拜占庭風格（Byzantine style）。

進入中世紀後，西歐地區繼續仿效古羅馬建築，但牆身厚重，窗戶細小，屋頂有齒形矮牆，側牆使用扶壁（buttress）分擔橫推力，這時期的風格稱為「羅馬式」（Romanesque）。教堂開始出現獨立的鐘樓或洗禮堂，內部常見大面積的馬賽克壁畫。

✠ 中世紀哥德式

到了中世紀下半段（十一世紀末），一種嶄新的建築風格在法國冒起，後人稱為哥德式風格（Gothic style）。它打破古典主義法則，棄用圓拱，改用尖拱（pointed arch）、肋拱（rib vault）和大大小小的尖塔，並加上扶壁和飛扶壁（flying buttress）支撐結構，令教堂建得更高更大，身處其中的人感到自己的渺小和天主的偉大。

高聳的建築物會令負重加大，因此牆壁不能太厚，並增大窗洞，裝上大塊的彩繪玻璃窗，立面的大圓窗多以花卉圖案設計，稱「玫瑰窗」。陽光從窗戶透射入內，彌漫一股神聖氣氛。哥德式教堂內外都加上許多宗教雕刻和聖像裝飾，猶如「石頭上的聖經」。隨着十五世紀文藝復興（Renaissance）誕生，此風格逐漸消失，到十八和十九世紀又再復興。

✠ 文藝復興和巴洛克

文藝復興的發源地是意大利佛羅倫斯，此際人文主義興起，思想解放，商人和知識份子力圖擺脱教會幾百年來的束縛，建築師揚棄中世紀的哥德式風格，重新學習理性的古典主義。古羅馬遺址的出土及古羅馬建築師維特魯威（Vitruvius）留下的著作 *De Architectura*，成為建築師的參考準則。

1517 年德意志教士馬丁．路德（Martin Luther）掀起宗教改革，導致出現許多新教教派。天主教為吸引民眾重返教會，特意建造富麗堂皇的教堂，着重宗教裝飾，增加波浪形曲線和複雜線條，以達到視覺效果。後人稱此風格為「巴洛克」（Baroque），意指「變形的珍珠」。

巴洛克由十七世紀延續至十八世紀，之後由兩大復古潮流主導歐洲的建築風潮。一派是古典復興式（Classical Revival），又稱新古典主義（Neoclassicism），回歸古希臘和古羅馬的美學原則，予人莊嚴之感；另一派是哥德復興式（Gothic Revival），又稱新哥德式（Neo-Gothic），仿效中世紀的哥德式，採用尖拱和肋拱，向高空發展。

古典復興式流行於法國、意大利、西班牙和葡萄牙，特點是重現古典元素（如對稱、比例、柱式、三角楣和拱券），減去多餘裝飾，當中可分為希臘復興式和羅馬復興式。十九世紀末，古典復興式開始衰落，由新巴洛克（Neo Baroque）承接，哥德復興式延續至二十世紀初亦走下坡。

✠ 哥德復興式

英國人於 1841 年登陸香港，西方教會隨之在港島建立教堂，那時英國正盛行哥德復興式風格，但早期教會缺乏資源，只能在民房舉行崇拜活動，第一座具規模的哥德復興式教堂是聖公會聖約翰座堂。再過一段時間，天主教會在薄扶林興建伯大尼修院，在堅道興建聖母無原罪堂，也採用哥德復興式風格。伯大尼修院對面的德格拉斯堡，原是都鐸式（Tudor）風格，1896 年由法國外方傳教會改建為納匝肋修院，院內的小堂以哥德復興式設計。

● 屹立於政府山的聖公會聖約翰座堂，採用哥德復興式風格。

由英國建築師設計的聖母無原罪主教座堂，處處可見尖拱、尖塔和扶壁。

香港墳場的復活小聖堂（Chapel of the Resurrection），與墳場同在1845年落成，是香港現存最古老的西式建築。風格屬哥德復興式，但相對簡單，沒有花巧雕飾，只有高大的尖拱窗和扶壁，門口用了闊大的都鐸拱。聖堂平面呈十字型，室內分高壇和中殿兩部分，耳堂（側翼）懸掛牌匾，一塊是悼念1876年死於海上的英艦中尉Lodwick，另一塊是1930年英國殖民地部中國部長Lampson為其亡妻而立。墳場現由食環署管理，基本上不接納新墓，所以聖堂已經停用，但仍有適當保養。

踏入二十世紀，哥德復興式教堂逐漸減少，現時可見例子有玫瑰堂、聖公會聖安德烈堂、中華基督教會合一堂香港堂、九龍佑寧堂，戰後則有基督復臨安息日會九龍教會。

上　跑馬地香港墳場的復活小聖堂是香港現存最古老的教堂建築

下　復活小聖堂現已停用，與香港墳場一併由食環署管理。

哥德復興式教堂和修院

教堂或修院	地址	興建年份	評級
復活小聖堂	跑馬地黃泥涌道香港墳場內	1845 年	一級歷史建築
聖公會聖約翰座堂	中環花園道 4-8 號	1849 年	法定古蹟
伯大尼修院（今香港演藝學院伯大尼校園）	薄扶林道 139 號	1875 年	法定古蹟
天主教聖母無原罪主教座堂	中區堅道 16 號	1888 年	一級歷史建築
納匝肋修院（今香港大學大學堂）	薄扶林道 144 號	始建於 1861 年，1896 年修建。	法定古蹟
玫瑰堂	尖沙咀漆咸道南 125 號	1905 年	一級歷史建築
聖公會聖安德烈堂	尖沙咀彌敦道 138 號	1906 年	一級歷史建築
中華基督教會合一堂香港堂	中區般含道 2 號	1926 年	一級歷史建築
九龍佑寧堂	油麻地佐敦道 4 號	1931 年	法定古蹟
基督復臨安息日會九龍教會	旺角界限街 52 號	1951 年	沒有列入評級名單

✠ 古典復興式和新巴洛克

二十世紀初的香港西式建築仍有一些保留古典色彩，但設計上偏離古典法則，使用誇大的拱券（arch）和拱心石（keystone），及貫通兩層樓的巨柱（giant order）。牆身多用紅磚，襯上灰泥等其他物料，營造不同色彩效果，像巴洛克般奪目，可歸類為「新巴洛克」。當時正值英皇愛德華七世（King Edward VII）在位時期，亦稱「愛德華巴洛克式」（Edwardian Baroque）。

古典復興式和新巴洛克這兩種風格，有時候只一線之差，要分辨並不容易，在英國可統稱為「愛德華時期建築」。以中環政府山的前法國傳道會大樓為例，外表可見拱券、三角楣（pediment）、圓拱頂

上　前法國傳道會大樓擁有新古典主義特色，但外貌並不對稱。

下　前法國傳道會大樓的室內庭院呈現新巴洛克風格，拱券上端有楔形拱石。

（dome）和古典柱式（classical order）等古典元素，但建築設計並不對稱，外牆的壁柱頂部添加當時流行的裝飾。室內庭院的拱券有楔形拱石（voussoir）圍繞，觀感上比古典建築更豐富。

位於掃桿埔的中華基督教會聖光堂是典型的愛德華時期建築，佈局對稱，前方有古典門廊連陽台，頂端有三角楣，左右兩邊排列圓拱窗，窗頂和下方加了紅磚襯托，增加視覺效果。

上　中華基督教會聖光堂以新古典主義設計，左右對稱，中央加建門廊。
下　聖光堂外牆加上紅磚點綴，具有愛德華時期的建築特色。

古典復興式或新巴洛克教堂和修院（部分）

教堂或修院	地址	興建年份	評級
痛苦聖母小堂	中環堅道 36 號 A 嘉諾撒仁愛女修會	1907 年	一級歷史建築
聖彌額爾小堂	跑馬地天主教 聖彌額爾墳場	1916 年	二級歷史建築
法國外方傳道會大樓（今用作法律組織辦公室）	中環炮台里 1 號	1919 年	法定古蹟
聖瑪加利大堂	跑馬地樂活道 2 號 A	1925 年	一級歷史建築
中華基督教會聖光堂	銅鑼灣東院道 7 號	1927 年	二級歷史建築
基督君王小堂	銅鑼灣加路連山道 33 號聖保祿修院	1930 年	一級歷史建築
慈幼會修院	柴灣道 18 號	1932－1939 年	二級歷史建築

✠ 融合不同風格

二十世紀是新舊風格交替的年代，之後百花齊放，加入其他新興風格，匯聚不同元素於一身，可稱為「折衷主義」（Eclecticism）。跑馬地黃泥涌道的加爾瓦略山會院，樓高四層，立面開了一排尖拱窗，柱間有愛德華時期流行的紅白相間磚帶，地下則有一列圓拱和闊圓拱，整體上混合了哥德、古典和新巴洛克的特色。

中環的聖公會聖保羅堂，正立面有巴洛克式山牆，側牆排列圓拱窗。1934 年聖堂擴建，延長四十呎，後面加了高聳的哥德式塔樓，聖堂後方還建了一幢兩層高的牧師樓（現稱雪卿樓），採用當時流行的裝飾藝術風格（Art Deco）設計。

上世紀三十年代香港流行中西合璧的建築，可稱為「中華古典復興」（Chinese Classical Revival），亦有人稱之「中國文藝復興」（Chinese Renaissance），風格上屬折衷主義一種，有關例子可看下一節「中式教會建築」。

瓦略山會院已改為聖保祿天主教小學，牆身可見尖拱和圓拱排列。

戰前的折衷主義教堂和修院（部分）

教堂或修院	地址	興建年份	評級
加爾瓦略山會院 （今聖保祿天主教小學）	跑馬地黃泥涌道 81 號 A	1907 年	二級歷史建築
聖公會聖保羅堂	中環己連拿利 76 號	1911 年	一級歷史建築
中華基督教禮賢會香港堂	西營盤般含道 86 號 A	1914 年	三級歷史建築
聖公會諸聖座堂	旺角白布街 11 號	1928 年	三級歷史建築
基督教香港崇真會救恩堂	西營盤高街 97 號 A	1932 年	一級歷史建築

上　聖公會聖保羅堂前方山牆採用新巴洛克風格，線條富有變化。

下　聖保羅堂擴建時在後方加了哥德式尖塔，並增建兩層高的牧師樓。

✠ 現代主義

香港在戰前已有現代主義（Modernism）建築，着重功能性。譬如九龍塘窩打老道的聖公會基督堂，1938 年落成，由利安建築師樓（李柯倫治）設計，全身雪白，不加裝飾，配合九龍塘住宅區的白色洋房，被評為三級歷史建築。位於附近打比道的牧師住宅（Vicarage），與基督堂差不多時期落成，但沒有列入評級名單。

戰後大量內地移民湧入香港，人口急升，教育和社會福利需求殷切，宣教士紛紛在人口稠密的地區興建教會、學校和聖堂，服務社群。由於百廢待舉，沒有能力興建美侖美奐的建築物，當時正興起簡約的現代主義，因此無論教堂和學校，首要考慮功能需要，不着重外在裝飾，只保留一些宗教象徵如十字架。

聖公會基督堂使用現代簡約風格，外表不加裝飾。

上世紀五十年代相繼出現教堂與學校結合或相連的情況，以天主教會為例，有長洲花地瑪聖母堂與長洲聖心學校、聖安多尼堂與聖安多尼學校、進教之佑堂與鄧鏡波學校、聖猶達堂與聖猶達學校、聖伯多祿聖保祿堂與崇德書院（後者已遷校）、聖亞納堂與聖德蘭學校（後者已停辦）等。到了六十和七十年代，這類例子更多。

五十年代現代主義風格的天主堂（部分）

天主堂	地址	興建年份	評級
長洲花地瑪聖母堂	長洲教堂路 1 號	1952 年	沒有列入評級名單
聖安多尼堂	西營盤薄扶林道 69 號 A	1953 年	二級歷史建築
進教之佑堂	馬頭圍天光道 16 號 鄧鏡波學校內	1953 年	三級歷史建築
聖猶達堂	北角建華街 30 號	1957 年	沒有列入評級名單
聖伯多祿聖保祿堂	元朗青山公路 201 號 屏山段	1958 年	三級歷史建築
聖亞納堂	赤柱東頭灣道 1 號	1959 年	沒有列入評級名單
九龍閩南中華基督教會禮拜堂	土瓜灣天光道 14 號	1959 年	沒有列入評級名單

● 聖猶達堂由建築師錢乃仁設計，外牆佈滿長條形玻璃窗，襯以十字圖案。

上　戰後興建的聖亞納堂，外貌富有現代氣息。

下　九龍閩南中華基督教會禮拜堂由第一代留洋華人建築師徐敬直設計，簡潔有力。

✠ 麻石教堂

英國在十九世紀下半葉興起工藝美術運動（Arts and Crafts Movement），使用本地天然物料，展現工匠技藝，以抗衡工業革命的機械化生產。香港在上世紀五六十年代流行用本地花崗石（麻石）興建的教堂，不用現代物料，亦不加裝飾，富有現代主義特色。

這些教堂有部分使用全麻石興建，有些在主體建築使用麻石，也有些在鋼筋混凝土表面鋪上麻石。當中只有粉嶺聖若瑟堂、聖公會聖路加堂和香港佑寧堂獲評為三級歷史建築。基督復臨安息日會九龍教會出自著名華人建築師徐敬直的手筆，長洲浸信會堂是島上最早成立的教會，聖母神樂院是香港少數隱修院之一，都沒有納入評級名單。循道衛理聯合教會國際禮拜堂及香港佑寧堂已於 2014 年和 2017 年拆卸，重建成高層大廈，令這類麻石教堂愈見減少。

● 聖公會聖路加堂以麻石鋪砌，外觀樸實無華，現在改為牧民中心。

五六十年代的麻石教堂

麻石教堂	地址	興建年份	評級
基督復臨安息日會九龍教會	旺角界限街 52 號	1951 年	沒有列入評級名單
長洲浸信會堂	長洲新興後街 97 號	1951 年	沒有列入評級名單
香港路德會聖馬可堂	茶果嶺大街	1957 年	沒有列入評級名單
恩主教小堂（今教區傷殘人士牧民中心）	何文田公主道 80 號	1952 年	沒有列入評級名單
粉嶺聖若瑟堂	聯和墟和泰街 5 號	1953 年	三級歷史建築
聖公會聖路加堂（今聖路加堂牧民中心）	堅尼地城域多利道 47 號	1954 年	三級歷史建築
香港佑寧堂	中環堅尼地道 22 號 A	1955 年（2017 年拆卸）	三級歷史建築
中華基督教會灣仔堂	灣仔春園街 77 號竹居台	1955 年	沒有列入評級名單
聖母神樂院聖堂	大嶼山大水坑 353-354 地段	1955 年	沒有列入評級名單
信義會活靈堂	沙田銅鑼灣山路 1 號	1958 年	沒有列入評級名單
循道衛理聯合教會國際禮拜堂	灣仔皇后大道東 271 號	1965 年（2014 年拆卸）	沒有列入評級名單

信義會活靈堂樓高兩層，麻石外牆鋪上紙皮石。

✠ 校園的禮拜堂

除了教堂和主教座堂外，有宗教背景的修會、機構、學校、醫院或墳場亦設有小堂供有關人士祈禱。教會學校的聖堂大部分設於校舍地下或頂層，只有少數學校興建獨立式聖堂。

香港中文大學崇基學院於 1951 年創辦，繼承在內地十三所基督教大學之使命。初期借用不同地方上課，1956 年遷入馬料水新校園。早期的校舍由范文照設計，採用現代主義風格，並就地取材，使用不同顏色的花崗石作為外牆飾面（俗稱虎皮石），質好價廉，又有天然圖案與色彩之美感。

1962 年落成的崇基學院禮拜堂，由周李建築師事務所的周啟謙設計，外貌簡約，部分外牆也鋪了虎皮石。教堂不設鐘樓，只在屋頂加了

● 崇基學院禮拜堂使用不同顏色的石材作為外牆飾面，具有視覺效果。

禮拜堂的聖壇後方設有落地大玻璃，將窗外的山色引入教堂內。

一個尖塔。立面有落地大窗引入自然光線，中央呈現巨大的十字架，信眾在禮拜堂內面向大窗的聖壇崇拜，可望見遠方的馬鞍山，猶如與上帝溝通。

2011 年落成的崇基學院神學院大樓（現稱「容啟東校長紀念樓」），頂層設有小聖堂，可容納 350 人。它採用「天圓地方」設計，天花穹頂開了一個大圓孔，讓陽光透射下來。穹頂分佈十二條椽木，每條椽木的末端都有使徒的象徵標記，設計具現代感但不失宗教氣氛。聖堂四周裝上玻璃窗，其中十四扇窗鑲嵌「苦路」彩繪。

上 崇基神學院小聖堂仿效天圓地方設計，窗門嵌上十四處「苦路」畫。

中 香港大學利瑪竇宿舍的上智之座小堂由耶穌會管理，裏面可見天主教藝術家鮑博創作的聖像和「苦路」畫。

下 港大聖約翰學院由聖公會管理，設有基督顯現小聖堂供師生祈禱和反思。

香港大學沒有禮拜堂，但耶穌會管理的利瑪竇宿舍及聖公會管理的聖約翰學院，分別設有上智之座小堂（Our Lady Seat of Wisdom Chapel）及基督顯現小聖堂（Chapel of the Epiphany）。上智之座小堂沿用利瑪竇宿舍1929年落成時所用的跪櫈，與新跪櫈並存。祭台的耶穌升天像，以及小堂兩旁彩繪玻璃和苦路雕刻均由墨西哥天主教藝術家鮑博（Francisco Borboa）於1970年代創作。基督顯現小聖堂是紀念旨日舍堂導師兼港大講師John Holman牧師而建，感謝他的慷慨捐獻。

西貢清水灣道的香港三育書院也設有聖堂，該校由基督復臨安息日會興建，時稱「華南三育研究社」，1939年有十六座建築物建成，佈局像船形。校門位於「船頭」尖端，中央是教學大樓和行政大樓，後面是運動場，「船尾」預留給禮拜堂，當時缺乏資金，至1965年才由企業家陳俊捐款興建，紀念其父親陳景輝，命名為「景輝堂」。1981年該校正式成為私立大專學院，名為「香港三育書院」，2011年再辦私立中小學「香港復臨學校」。校內有五座戰前建築被評為二級歷史建築，景輝堂沒有納入評級名單。

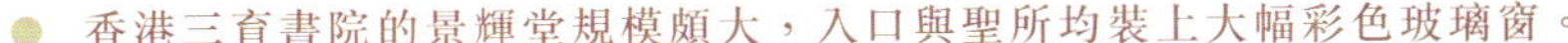

香港三育書院的景輝堂規模頗大，入口與聖所均裝上大幅彩色玻璃窗。

大專院校的禮拜堂

大專禮拜堂	地址	興建年份	評級
崇基學院禮拜堂	香港中文大學崇基學院教堂路	1962 年	沒有列入評級名單
景輝堂	西貢清水灣道 111 號香港三育書院	1965 年	沒有列入評級名單
上智之座小堂	薄扶林道 93 號香港大學利瑪竇宿舍地下	1968 年重建	利瑪竇宿舍沒有列入評級名單
浸會大學禮拜堂	香港浸會大學基督教教育中心地下	1978 年	未符合評級條件
基督顯現小聖堂	薄扶林道 82 號 香港大學聖約翰學院梁基浩堂四樓	1979 年	未符合評級條件
嶺南大學禮拜堂	嶺南大學	2006 年	未符合評級條件
崇基學院神學院小聖堂	香港中文大學	2011 年	未符合評級條件
聖方濟各小堂	聖方濟各大學	2017 年	未符合評級條件

聖士提反書院的赤柱聖士提反堂，是少數獲評級的戰後聖堂。

協恩中學小禮拜堂與學校一同獲古諮會評為三級歷史建築

中學方面，有少數傳統名校興建獨立式聖堂，例如聖士提反書院的赤柱聖士提反堂（St Stephen's Chapel）、協恩中學的小禮拜堂（Chapel of St. Clare of Assis）、香港華仁書院小堂，以及九龍華仁書院的聖依納爵小堂（St. Ignatius Chapel），設計簡潔，屬現代主義風格。

中學的獨立式聖堂

中學獨立式聖堂	地址	興建年份	評級
赤柱聖士提反堂	赤柱東頭灣道 22 號 聖士提反書院	1950 年	三級歷史建築
協恩中學小禮拜堂	馬頭圍農圃道 1 號 協恩中學	1957 年	三級歷史建築
華仁書院小堂	灣仔皇后大道東 281 號 香港華仁書院	1955 年	沒有列入評級名單
聖依納爵小堂	油麻地窩打老道 56 號 九龍華仁書院	1959 年	沒有列入評級名單

每間天主教修會都設有小堂，歷史悠久又獨立興建的有嘉諾撒仁愛女修會的痛苦聖母小堂（1907 年）和聖保祿修會的基督君王小堂（1930 年），都已評為一級歷史建築。這兩座小堂旁邊也有修會所辦的學校。✞

上　香港華仁書院的小堂別具一格，外牆不設玻璃窗。

下　九龍華仁書院的聖依納爵小堂由建築師陸謙受設計，以耶穌會會祖聖依納爵為主保。

中式教會建築

香港教會在 1930 年代跟隨內地興起一股建造中式教堂的潮流，在西式結構加了傳統中式外貌，形成中西合璧，此風格又稱「中華古典復興」或「中國文藝復興」。當時無論天主教會還是新教教會都有採用，然而曇花一現，太平洋戰爭爆發後便停頓。

在香港最早出現中華古典復興風格的教會建築，有黃竹坑的華南總修院（現稱聖神修院）和沙田的道風山基督教叢林，之後有赤柱的瑪利諾神父宿舍、銅鑼灣的聖公會聖馬利亞堂、九龍城的聖公會聖三一座堂。這批戰前的中式教會建築留存至今十分難得，已分別被評為一級或二級歷史建築。

戰後物資短缺，財力匱乏，世界建築潮流趨向簡約的現代主義，有繁複裝飾的建築風格無以為繼。雖然說中式教堂不再流行，但在香港也可見到幾座有中西合璧風格的教堂，例如深水埗的聖方濟各堂、華南總修院大聖堂、基督教香港信義會元朗生命堂和調景嶺的靈實禮拜堂，但只有華南總修院大聖堂獲評為三級歷史建築。直至近年，聖方濟各堂和靈實禮拜堂始被納入歷史建築評級名單，等待評級。

聖神修院以花崗石圓拱為基座，屋簷下加了中式斗栱。

香港的中式教會建築

中式教會建築	地址	興建年份	評級
華南總修院舊座	黃竹坑惠福道 6 號	1931 年	一級歷史建築
道風山基督教叢林	沙田道風山路 33 號	1931 至 1939 年	二級歷史建築
瑪利諾神父宿舍	赤柱村道 44 號	1935 年	一級歷史建築
聖公會聖馬利亞堂	銅鑼灣大坑道 2A	1937 年	一級歷史建築
聖公會聖三一座堂	九龍城馬頭涌道 135 號	1937 年	二級歷史建築
聖方濟各堂	深水埗石硤尾街 58 號	1955 年	等待評級
華南總修院大聖堂	黃竹坑惠福道 6 號	1957 年	三級歷史建築
基督教香港信義會元朗生命堂	元朗安寧路 115-137 號	1959 年	沒有列入評級名單
靈實禮拜堂	將軍澳靈實路 1 號靈實醫院	1961 年	等待評級

✠ 教會本土化風潮

為何教堂設計由西式轉為中式或中西合璧？這要由十九世紀中晚期西方教會開始在華推行本土化（本色化）運動說起。當年內地的教會常被指為西方列強入侵中國的工具，以致教堂和傳教士成為被攻擊的目標，教案頻生。教會覺得教堂應該結合中國傳統文化，擺脱歐美色彩，減低本地民眾對教會的排斥。

當時有不少外國建築師在華工作，他們帶來西方建築技術，在興建教堂時加入中式大屋頂等中國傳統元素，呈現中式外觀，讓本地民眾感覺熟悉，從而令他們走進教堂聆聽福音。

義和團事件和辛亥革命相繼爆發後，民族主義高漲，1919 年的五四運動更將這股浪潮推至頂峰。中國知識份子在 1922 年 3 月發動一場全國性的「非基督教運動」，企圖阻止教會在華宣教。外籍傳教士深感憂慮，開始推動本土化運動，以緩和民眾的反教浪潮。

1922 年 5 月，在華的基督教會於上海召開第五屆「基督教全國大會」，探討如何回應外來挑戰和消除民眾的誤會。大會建議教會尊重中國傳統文化，在詩歌、祈禱、崇拜禮儀、神學理論發揮本色化精神，由華人傳教，推動教會自立、自養和自傳。

兩年後的 1924 年，梵蒂岡教廷首任宗座駐華代表剛恆毅總主教（Celso Benigno Luigi Costantini）在上海舉行中國天主教第一屆全國主教會議，主張經文和藝術要本土化。大會亦認同透過建築實現基督宗教思想與中國傳統文化融合，拉近教會與民眾的距離。建造教堂不可只用外來藝術形式，盡可能採用中國建築風格，以吸引本地人信教。

✠ 華南總修院至聖神修院

那次天主教在上海舉行的全國主教會議，決定在中國建立十四所總修院，培育華籍司鐸，其中華南總修院設於香港仔海灣的山丘上。剛恆毅主教邀請荷蘭籍本篤會建築師葛斯尼（D. Adelbert Gresnigt）神父，以中國古典式樣設計修院。當時葛斯尼正負責北京輔仁大學的建築設計與營造，工作委託香港的李杜露繪圖師樓（Little, Adams and Wood

華南總修院現改為聖神修院，培育未來的神父、執事，以及對天主教有興趣的人。

Architects and Civil Engineers）執行，並由甘沛霖（A. Grampa）神父監察。

華南總修院原先的設計是四合院式，四角均有角樓，後來因為過於龐大和資金不足，只建一列兩層高的長形樓房，即今天的南樓（主樓），1931 年 11 月 1 日開幕。外貌像中國宮廷建築，近觀可見西式拱券。面

上　聖神修院大聖堂在戰後興建，秉承修院的中式風格，評為三級歷史建築。

下　聖神修院大聖堂的天花有中式欅架裝飾，祭台襯上中式垂花門式樣。

海一方有長長的遊廊，以中式紅柱支撐。南樓左右各有一座角樓，屋頂可見飛簷綠瓦和斗栱，正脊兩端以鴟吻裝飾，中央豎立凱爾特十字架。

主樓內設有小聖堂，五十年代因有許多內地修生轉到華南總修院就讀，小聖堂空間不足，遂在主樓旁增建獨立式聖堂，名「中華之后小堂」，又稱「大聖堂」，由華人建築師陸謙受設計，1957 年落成。大聖堂採用紅牆綠瓦的中式設計，兩側裝上黃黃綠綠的玻璃窗，聖所飾以中式垂花門罩，凸顯祭台位置。天花加上中式樑架，展現中國傳統色彩。

中華人民共和國成立後，教會在華傳教事業停頓。1964 年羅馬教廷把華南總修院交香港教區管理，教區將薄扶林太古樓的聖神修院遷入，用作栽培獻身天主教事業的港澳青年，當中包括李宏基、胡振中和湯漢，都曾在聖神修院受訓，後來成為主教。1967 年增建神哲學院大樓（東翼），由華人建築師朱彬和錢乃仁設計，同樣採用中西合璧風格。

✠ 道風山基督教叢林

在沙田城門河西面的道風山上有一組中式建築，由挪威信義宗宣教士艾香德（Karl Ludvig Reichelt）牧師於 1931 年創建，丹麥建築師艾術華（Johannes Prip-Moller）設計，是香港最大型的中華古典復興建築群。

艾香德於 1903 年獲挪威差會派往中國，先學習中文，後在湖南傳道。他常與佛教徒談道，1923 年在南京建立景風山，開展佛教徒事工。1927 年景風山被攻擊，艾香德決定南下香港重建，1930 年以 3,780 墨西哥銀元向港府買了沙田一個鄰近寺院的山頭，創立「道風山基督教叢林」。

他邀請在華工作的丹麥建築師艾術華來港規劃道風山，艾術華對佛教建築有研究，曾出版《中原佛寺圖考》一書，他在山上設計了一系列房屋，部分為黑瓦白牆，使用徽州建築的馬頭牆設計。當中最矚目是原稱「景尊寶殿」的聖殿（1934 年），有點像北京天壇的祈年殿，但用

上　道風山基督教叢林的聖殿呈現重簷八角攢尖頂，與天壇有點相似。

中　聖殿的垂脊豎立僧侶和道士像，帶出向他們傳播基督教的信息。

下　聖殿內部仿效宮殿設計，中央擺放中式祭台。

信義宗神學院於 1993 年遷上道風山，效法道風山基督教叢林的中式設計。

了重簷八角攢尖頂，垂脊上豎立僧侶道士像。殿內的中式木製聖壇於 1922 年在南京製造，由景風山運來道風山，上有「蓮花十架」標誌，寓意基督教在中華大地生根。聖殿底部有圓拱頂地下室，名為「蓮花洞」，供教徒默想和懺悔。

道風山接待四方僧侶掛單學習，及後中日戰爭爆發，1939 年之後艾術華沒有繼續參與道風山的設計工作。戰後的五十年代，因應發展需要增設房舍，1958 年建造十二米高的大十字架，上刻「成了」二字，這是耶穌被釘十字架時所說的話，意指完成神的使命。現今道風山已成為一所發展基督教本土化靈修、藝術和禮儀的場所，並致力宗教交流和合作。

戰後由湖北南遷香港的信義神學院，最初在沙田白田村設院校。八十年代港府發展新市鎮而收回土地，獲道風山基督教叢林讓出土地建校，1992 年落成，由身為教徒的女建築師杜曉明設計，沿用基督教叢林的中式風格。神學院平面呈問號狀，象徵學生探求真理。

✠ 赤柱瑪利諾神父宿舍

香港是中西交匯之地，交通便利，早年吸引不同國家的傳教士經香港赴華傳教。在紐約州成立的美國天主教傳教會（又稱瑪利諾外方傳教會），1918 年派出四名神父前往中國，他們先在香港學習中國語言和文化，其後以九龍柯士甸道 160 號為駐地。

隨着傳教士日漸增加，教會決定在港購地建立華南總部兼宿舍。1931 年會長華爾實（James Anthony Walsh）神父親自來香港選址，地產經紀帶他視察港島南區多處地方，最後他選擇赤柱一處視野開揚的山頭，出資 54,000 元買地，邀請在華工作的美國建築師 Henry J McGill 採用中式化設計宿舍，以培養傳教士赴華之熱情。

瑪利諾神父宿舍於 1935 年建成，紅牆綠瓦，平面呈凹字型，有兩翼伸出。樓高三層，配上單簷歇山頂。若非屋脊有座巨形的十字架，難以聯想到這是一座天主教建築物。

聖堂設於宿舍一樓，天花呈筒形，紅色支柱有裝飾性斗栱，兩側窗門飾以不同的基督宗教圖案。聖所牆壁懸掛耶穌苦難十字架，兩旁貼上

● 屹立赤柱山丘上的瑪利諾神父宿舍，紅牆綠瓦，左右有兩翼伸出。

上　宿舍面向赤柱灣的立面有寬闊遊廊，可供神父乘涼和欣賞景色。
下　瑪利諾神父宿舍的小堂富有中式味道，朱紅色的支柱配上斗栱。

中文對聯：「無始無終大元尊、全能全智真主宰」。二樓是神父居住地方，走出露台可以眺望赤柱灣景色。

日佔時期，瑪利諾神父宿舍遭日軍佔領，變成軍事總部，神父被押到附近的赤柱拘留營。經過三年零八個月的淪陷歲月，神父回歸宿舍，此外亦給教友用作退修和研習中心。

今天的宿舍已被豪宅包圍，隱沒於馬坑監獄之旁。2016 年 10 月瑪利諾外方傳教會將宿舍出售，兩個月後古諮會將之確定為一級歷史建築。新買家會否把它拆卸重建為豪宅，值得關注。

✠ 聖公會兩座中式教堂

華南總修院（今聖神修院）、道風山基督教叢林，以及瑪利諾神父宿舍均由在華工作的外籍建築師設計。到了 1930 年代，聖公會港澳教區主教何明華（Ronald Owen Hall）計劃興建聖馬利亞堂和聖三一堂時，邀請華人建築師負責，同樣透過中式外觀表達基督信仰，實踐本色化。

當時有一批在外國學成歸來的華人建築師在港執業，他們接受西方學院式訓練，亦理解中式建築傳統法則，嘗試將兩者合而為一。中華古典復興設計與教會本色化不謀而合，除了教堂外，這股中西合璧的風潮蔓延至華人大宅，虎豹別墅（1936 年）和景賢里（1937 年）也見加上中國傳統裝飾。

坐落於銅鑼灣大坑道與東院道交界的聖馬利亞堂，1937 年啟用，屬第二代聖堂，由留英建築師周耀年（周李建築工程師事務所）設計。

坐落於銅鑼灣大坑道口的聖公會聖馬利亞堂，猶如一座中式牌坊。

整座建築物用鋼筋混凝土建成，屹立於台基上，遠看像中國傳統牌樓，亦似中式廟宇和民居。頂部有七條中式瓦脊，配以裝飾性斗栱和紅磚外牆，正中的玻璃窗加了巨形的十字架。拾級而上，兩旁有仿漢白玉的欄杆，正門以紅色圓柱分了三個開間，氣勢不凡。

聖堂內可見密集的仿木樑架結構，讓人有身處中國傳統建築的感覺。盡頭處的彩色玻璃窗於 1962 年增設，繪有十字架和馬利亞手抱小耶穌像。聖壇使用中式設計，刻了百合花、《聖經》、十架、聖杯和麥穗等基督教象徵，還有鯉魚、蓮花、飛鳥和水瓶等中式圖案。

九龍城聖三一堂同在 1937 年建成，屬第三代，由教友兼建築師吳建中（利安建築師事務所）設計，平面呈 T 字型，分門廊、中殿與聖所三部分。前廊有類似中國傳統的歇山頂，正脊兩端有夔龍形博古裝飾，中央豎立十字架。左右兩邊各有四條戧脊，末端的套獸為中國的

聖馬利亞堂的天花排列中式樑架，四周均裝上彩色玻璃窗。

聖公會聖三一座堂頗像中式寺廟，門口兩旁設有鐘和鼓。

龍首，戧脊上放了三隻鴿子，鴿子在基督教代表聖靈，三隻代表「聖三一」。屋簷下排列裝飾性斗栱，以灰泥塑造，拼貼在外牆上。正門左右設有鐘和鼓，效法佛寺的晨鐘暮鼓，鐘面刻了《聖經》句子。

聖堂內的天花有中式樑架結構，柱子、玻璃窗和牆壁可見雲紋圖案，窗門以不同顏色玻璃呈現十字架，窗花也用雲頭設計。盡頭的聖所以石級和中式花罩劃分空間，上面擺放聖壇，四周有欄杆圍繞，信徒領聖餐時在此跪下。

上　聖三一座堂平面呈 T 字型，屋頂每條戧脊飾以三隻鴿子，代表聖靈。
下　教堂內到處可見雲紋，聖所以花罩圖案分隔，彩色玻璃窗配上中式窗櫺。

上　聖方濟各堂下方設有西式圓拱門，上端則有中式塔樓。
下　教堂地下有兩條迴旋樓梯，猶如雙手將人流送往二樓聖堂。

✠ 戰後的中式教堂

戰後具中式特色的教堂不多，當中有三座較有規模，服務對象主要是由內地南下香港的新移民。

深水埗的聖方濟各堂建於石硤尾大火災場旁邊，由葡籍教友 Francisco D'Assisi Gomes 家族捐建，1955 年底落成，翌年開幕。聖堂名字沿用九龍城隔坑村被拆去的「聖五傷方濟各天主堂」，後簡稱「聖方濟各堂」。此名字乃中世紀的意大利聖人「亞西西的方濟各」（Francis of Assisi），他對窮人寄予同情和關懷，立志過貧窮、節慾的生活，1209 年創立「小兄弟會」（又稱「方濟會」）讓追隨者加入，四處講道。

聖方濟各堂由華人建築師錢乃仁設計，上半部可見中式的飛簷屋頂和欄杆，配以西式宗教元素，高聳的鐘樓尤其矚目，正門有三個西式拱券。踏入地下大堂，兩條弧形大樓梯連接二樓的聖堂，穿過中式大門，則見聖堂完全採用西式佈置，可容納一千二百人，室內無柱樑阻隔視線，這是香港最大教堂之一。古蹟辦已將教堂與毗鄰的聖方濟各小學合併列入評級名單，等待評級。

穿過中式木門便是聖堂，所容納的人數是九龍之冠。

上　信義會元朗生命堂有高聳的中式鐘樓，在區內十分矚目。

下　元朗生命堂內部裝飾不多，設有中式祭台。

元朗戰後聚居了許多由內地湧入的新移民，信義會牧師吳明節有見及此，1952 年租用元朗大馬路一樓房建立國語禮拜堂。不到一年光景，禮拜堂已座無虛席，於是遷入福康街 2 至 6 號二樓。1955 年再遷至元朗大馬路 7 至 9 號二樓，同年改名「信義會元朗生命堂」。其後獲政府撥地，1959 年在安寧路現址興建新堂，中央有座鐘樓，整體採用中式設計，讓新移民有親切感。

靈實醫院的前身是調景嶺平房徙置區附近的靈實肺病療養院，由一群來自不同國家的宣教士於 1955 年創立，服務由內地撤退來港的國民

上 靈實醫院最初服務調景嶺平房區的居民，禮拜堂用了中式設計。

下 靈實醫院是香港唯一擁有獨立式聖堂的醫院

黨軍政人員及其家眷。其中挪威籍的司務道（Annie Skau Berntsen）長時間擔任護士長，並創辦護士學校，以解決人手不足問題。該院早年已有計劃興建聖堂，讓同工和病人有祈禱之所，奈何經費不足，只能在山丘上豎立十字架。直至 1961 年，在美國復初會的捐助下，一座禮拜堂聳立於小丘上，設計樸實穩重而富有中國建築風格，塔樓上的大十字架遠遠已可見到。靈實醫院現由基督教靈實協會和醫院管理局共同管治，已發展成為一所專科復康醫院。禮拜堂是該院現存最古老的建築物，曾於 2021 年翻新，外貌如昔，但周邊環境已是滄海桑田了。✞

神聖空間佈局

公元 313 年，羅馬帝國皇帝君士坦丁一世（Constantine I）頒佈《米蘭敕令》，承認基督教的合法地位，基督徒可以公開聚會崇拜。公元 380 年，羅馬帝國皇帝狄奥多西一世（Theodosius I）宣佈基督教為國教，自此教堂如雨後春筍般出現。

✠ 教堂平面設計

聖堂是舉行感恩祭（彌撒）的場所，紀念基督在十字架上的犧牲，也是教友聚會祈禱的空間。早期的基督教堂沿用羅馬會堂的長形設計，稱「巴西利卡式」（basilica），入口在短的一邊，末端有向外凸出的半圓形後殿（apse），象徵天國，是聖所（sanctuary）和祭台（altar）所在。中央的信友席是「中殿」（nave），拉丁文解作「船」，比喻教堂乃挪亞方舟，進入者得到拯救。大型教堂的中殿有三條通道，中間一條較闊，

聖瑪加利大堂平面為巴西利卡式，有兩排支柱分隔中殿和左右側廊。

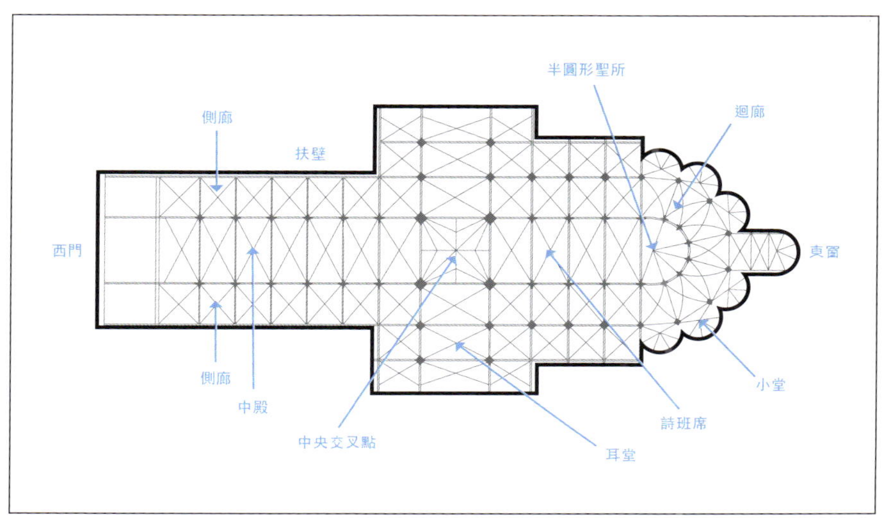

拉丁十字型教堂的主要部位名稱

左右兩條是側廊（aisle）。

之後教堂逐漸發展出左右兩翼（transept，又稱耳堂），形成十字形平面，如同十字架，讓人想起耶穌的苦難、死亡和復活，教堂末端同樣有半圓形後殿。西歐的教堂多用拉丁十字形（Latin Cross），一條長縱軸與一條短橫軸相交；東羅馬帝國的教堂多用希臘十字形（Greek Cross），縱軸和橫軸的長度相等。在希臘十字形平面覆蓋圓拱頂的設計，稱為集中式（centralized plan），以穹頂（dome）象徵天國，表達神是信眾中心的理念。

平面呈十字形的聖約翰座堂（圖片提供：聖公會聖約翰座堂）

聖彌額爾小堂平面為希臘十字型，四邊伸出對等空間。

十字形相交之處是教堂的中心點，一邊是信友席（即中殿），另一邊是半圓形聖所，設有祭台、神職人員座位，部分還有詩班席。聖所地面略高於信友席，並以台階、拱門、屏風或欄杆分隔，凸顯聖所的神聖地位。有些教堂在半圓形聖所後方開闢迴廊（ambulatory），設有祭衣房（sacristy）和小禮拜堂（chapel），後者供教徒祈禱。

歐洲的教堂大多數朝東背西，入口在西邊，又稱「西門」。高處常見一個圓形大窗，鑲嵌了放射式圖案的彩繪玻璃，像花瓣一樣，稱為「玫瑰窗」。聖堂末端的聖所通常安裝大塊的彩繪玻璃窗，名為「東窗」，乃室內最亮麗的裝飾。東方乃日出之處，信徒早上進入聖堂，向聖所祈禱，如同朝向基督之光，同時亦朝着聖城耶路撒冷（從歐洲方向望去）。陽光從東窗透射入內，照耀整座教堂，更倍添神聖氣氛。

上　聖母無原罪主教座堂後方有半圓形後殿，「梵二」後供小型彌撒之用。

下　半圓形後殿背面闢有迴廊，中央是祭衣房，兩旁各有兩座小堂。

香港土地寸金尺土，建造教堂時很難符合朝東背西的方向。儘管如此，教會仍習慣稱聖所背後的玻璃窗為「東窗」，「向東」已成為基督宗教的一種信仰。

✠ 祭台與洗禮池

天主教會奉行七大聖事，分別是「聖洗」、「堅振」、「聖體」、「修和」（告解）、「聖秩」、「病人傅油」和「婚姻」，尤以聖體聖事最為重要。教會每次舉行彌撒，神父在祭台以「最後的晚餐」方式，祝聖無酵餅和葡萄酒，成為基督的身體和血，重現耶穌在十字架上的自我奉獻。教友領聖體時亦領受耶穌的救恩，與基督合而為一。聖公會也有此儀式，稱「聖餐禮」。

踏入聖堂門口，首先見到洗禮盆或洗禮池（font），意謂領洗是入門聖事的第一步，教友藉水和聖神而重生。洗禮池沿教堂中軸線直通祭台，象徵生命的旅程由領洗至死亡，繼而通向永生。

舊式的洗禮池，外呈八角形或六角形，內為圓形。八角形介乎圓形（象徵永恆的天主）和正方形（象徵地上）之間，蘊含天與地接觸的概念。另外，聖週以耶穌榮進耶路撒冷為第一天，第六天（星期五）是耶穌受難，第八天復活，因此六角形或八角形代表不同寓意。在洗禮池接受洗禮，代表與基督一同受死、一同復活。

每年逾越節守夜禮，神父會燃點一支新的巨大蠟燭，置於祭台旁，直至復活節後第五十天的聖靈降臨節。之後該蠟燭移至洗禮池旁，每次舉行洗禮時才再度燃點，象徵領洗者參與基督的死亡而復活。復活蠟燭插了五顆乳香釘，代表耶穌受難的五個傷口。中間刻有十字架，兩旁附上希臘文首個字母 A（alpha）和最後的字母 Ω（omega），還有是年年份。A 和 Ω 代表神是萬物之始，也是萬物之終，是時間的主宰。

✠ 聖體櫃和讀經台

天主教和聖公會聖堂都設有聖體櫃（tabernacle），當櫃內安奉了聖體（已祝聖的無酵餅），旁邊一盞燈便會點亮，顯示基督臨在，教友可以敬拜聖體。聖體櫃一般放在祭台後方或旁邊，櫃面設計不一，常見《聖經》故事「五餅二魚」，亦有刻了鵜鶘（pelican，俗稱塘鵝）餵飼

上　天主教堂每次舉行彌撒都在祭台祝聖無酵餅和葡萄酒，然後分給信友。

中　已祝聖的無酵餅若未有使用，會放在聖體櫃，旁邊點上長明燈，以示耶穌臨在。

下　天主教堂的洗禮池放在入口處，目的是提醒教友，領洗是進入教會的第一件聖事。

一群幼雛的圖像。傳説鵜鶘為了餵飽幼雛而讓牠們啄食自己的身體和喝自己的血，教會以鵜鶘比喻耶穌自我犧牲的精神。

聖堂另一個焦點是讀經台（lectern），是宣讀天主聖言的地方，神父也在此講道。讀經台可位於聖所的左邊或右邊，有些以鴿子裝飾，象徵聖神（聖靈）啟迪；有些以鷹裝飾，比喻聖言像鷹的目光一樣鋭利，直透人心。也有讀經台以《聖經》四福音書的象徵物（四活物）裝飾，包括天使（馬太福音）、有翼雄獅（馬可福音）、有翼公牛（路加福音）和鷹（約翰福音）。

基督教堂會另設獨立的講道台（pulpit），舊式的講道台很大，上有華蓋為頂，牧師要拾級而上講道，今天的講道台則如讀經台一樣大小，分置聖壇左右。

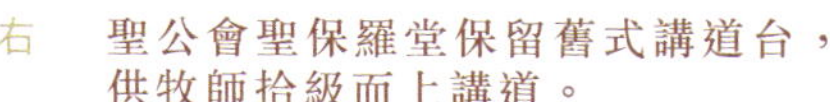

左　讀經台是宣讀聖言的地方，常以四福音書的象徵物作為裝飾。

右　聖公會聖保羅堂保留舊式講道台，供牧師拾級而上講道。

左　天主教會有告解聖事，部分教堂保留舊式的告解亭，中間有網板分隔，神父和教友分坐兩邊。

右　天主教和聖公會的教堂設有「苦路」雕刻或畫像，展示天主教的藝術手法。

天主教堂入口附近可見告解室（現稱修和室），讓教友懷着悔改之心，向神父訴說自己的罪。神父代表天主赦免其罪，使教友與天主修和。告解室內有屏風隔開教友和神父，神父只聞教友聲音而看不見其容貌。

✠ 苦路十四站

耶穌在世所走的最後一段路稱為「苦路」（Via Dolorosa），許多朝聖者到耶路撒冷瞻仰基督受難地方，都會行走這段路。1350 年，方濟會根據《聖經》和其他資料，初步定出苦路路線。1731 年教宗格來孟十二世（Clement XII）正式確定苦路分十四站，記載耶穌被判刑，揹起十字架前往加爾瓦略山（各各他山）刑場，至被釘十字架和埋葬的情景。各地天主教會後來在本身教堂兩側牆壁掛上十四站苦路畫像或雕刻，方便教友敬拜。有個別教堂覺得這十四站未能完整講述耶穌在世最後的故事，因此增加第十五站「復活」。

每間天主教堂都有獨特的苦路畫像或雕刻，設計富藝術性，部分聖公會教堂亦在兩側牆壁設立「苦路」，供教徒逐站朝拜。✞

苦路十四站

苦路第一站	耶穌被判死刑
苦路第二站	揹上十字架
苦路第三站	因體力不支第一次跌倒
苦路第四站	遇見母親瑪利亞
苦路第五站	古利奈人西滿幫耶穌揹十字架
苦路第六站	韋羅尼加為耶穌拭面
苦路第七站	耶穌第二次跌倒
苦路第八站	婦女們為耶穌痛哭
苦路第九站	耶穌第三次跌倒
苦路第十站	耶穌被脱去衣服
苦路第十一站	被釘十字架
苦路第十二站	死於十字架上
苦路第十三站	從十字架卸下耶穌屍體
苦路第十四站	耶穌埋葬墓中

「梵二」禮儀革新

羅馬皇帝君士坦丁一世自公元 325 年召開第一次尼西亞大公會議，至今天主教會一共召開過二十一次大公會議，平均百年一次，每次大公會議都對普世教會產生深遠影響。上一次大公會議在 1962 年 10 月 11 日由教宗若望二十三世（Pope John XXIII）召開，名為「梵蒂岡第二屆大公會議」，簡稱「梵二」。會議召開一年後，教宗病逝，由繼任人保祿六世（Pope Paul VI）繼續，至 1965 年 9 月 14 日結束，歷時三載。

當時天主教會面對種種思潮衝擊，另一方面基督宗教的合一運動有可觀發展，使教宗感到梵蒂岡需要變革。那次大公會議約有二千四百名來自全球各地的主教和男修會會長參加，並邀請數十名東正教、聖公會、舊公教會及新教的代表做觀察員。會上討論如何在發展迅速的新時代更新天主教會和教友的工作，恢復基督宗教的合一。最後達成一系列成果，包括更新神學理論，認同非基督宗教國家的傳統可與基督宗教相容，各國神父在崇拜中使用當地語言，推動教會現代化和禮儀革新。自此教友在彌撒中參與的機會增多了，並擴闊平信徒參與教會管理的空間。

禮儀革新一方面不忘記過去，要忠於傳統，另一方面要注意今天情況，以求適應。「梵二」要求改革感恩祭（彌撒），比以前更重視宣讀天主聖言，讓教友領受教訓，體會感恩祭的奧蹟。

✠ 教堂佈置變化

聖堂是信友聚會和舉行禮儀的地方，其設計必須提升信友對耶穌臨在的意識。「梵二」要求將聖所中央的聖像移走，改放苦難十字架，以凸顯耶穌基督是教堂的核心，避免基督新教指天主教側重於聖像崇拜。

「梵二」的《禮儀憲章》提到：「在建築聖殿時，務必注意，使能

上 聖母無原罪主教座堂的半圓形後殿（舊祭台）壁龕曾放置無原罪聖母像，「梵二」後移放福傳小堂。

下 因應禮儀革新，主教座堂將祭台移至教堂中央，在上方懸掛十架苦像。

適合禮儀行為的執行，以及信友的主動參與。」過去天主教堂很重視裝飾，「梵二」提出裝飾要高雅樸實，襯托神聖空間的氛圍，以及反映節期氣氛和禮儀意義，不該喧賓奪主，避免讓人感覺炫耀奢華。這亦符合當時西方建築走向現代主義風格，摒棄傳統裝飾，以簡潔和實用為主。

祭台是舉行感恩祭的聖餐桌，是整座聖堂的核心。禮儀革新之前，祭台設於聖堂末端，緊貼牆壁，雕刻豐富華麗，上面擺滿蠟燭、鮮花、聖體櫃和聖堂主保聖像。主祭進行彌撒時，大部分時間面向祭台，背對會眾，只有講道時才望向信友席。聖所外圍設有圍欄，或以圓拱分隔，信眾領聖體時跪在圍欄外面。

上 「梵二」前，神父大部分時間面向祭台進行彌撒。

下 「梵二」後的彌撒，神父改為面向信眾。

禮儀革新後，不用原有的祭台，改在聖所前端或聖堂的十字交叉點放置新的祭台。主祭可以環繞祭台行走，並站在祭台一邊面向信眾舉行彌撒，讓信眾清楚看見整個過程。祭台以石材造成，圖案與基督奉獻有關，佈置盡量簡化，上面不放聖像、聖體櫃或其他雜物，只放彌撒所需物品，如福音書、聖爵、聖盤、聖體布、聖血布和祭品等，花卉裝飾則適可而止地放在祭台四周。

「梵二」要求減少擺放聖像數目，並要有合理秩序，同一位聖人按

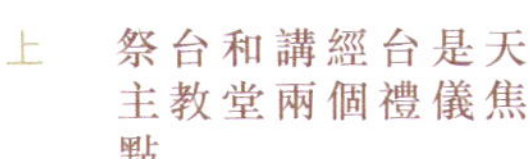

上　祭台和講經台是天主教堂兩個禮儀焦點

下　千禧年建成的聖安德肋堂，祭台和讀經台的設計有別於傳統式樣。

新落成的粉嶺聖若瑟堂新翼聖堂，設有流動活水的洗禮池。

常規最多只供奉一尊聖像，以免分散信眾對禮儀的注意力。現今大部分教堂不在聖所放置聖像，改為置於聖堂兩側的小祭台或信友席的後方。

祭台和讀經台是聖堂的焦點，裝飾力求簡潔，但須鮮明突出。它們都有固定位置，不受其他設施妨礙。讀經台的設計及材料盡量與祭台相同，擺放位置也接近信友，好使讀經時人們感到基督的臨在。

聖所除了有座位供司鐸和輔禮就坐，座堂還設立主教座位，其設計以平實為主，不宜像寶座一樣高高在上。

「梵二」後，洗禮池設於聖堂入口處，表示洗禮是入門聖事的第一步，亦即基督徒生命的開始。洗禮池與祭台連成一線，代表教徒由領洗至死亡，再通向永生。教友進入聖堂時以手蘸水劃十字聖號，目的是紀念領洗之恩及淨化心靈。新建聖堂的洗禮池有循環流動的活水，如源源不絕的生命力，表達耶穌基督是永生的水泉。

聖雅各伯堂的座位以扇形排列，讓教友有內聚向心的感覺。

✠ 由望彌撒至參與彌撒

過去教友到天主堂崇拜稱為「望彌撒」，他們全程望向緊貼牆壁的祭台，神父背向信友席，用拉丁文讀經和唱詩，信眾既看不見儀式亦聽不懂語言，唯有各自念經。現今神父面向信眾進行彌撒，改用本地語言，信眾明白當中含義，教友亦獲邀請在讀經台讀經。神父不再獨攬工作，信眾不再是「望彌撒」，而是「參與彌撒」。

過去聖堂信友席的座位是前後排列，現今改為扇形或弧形，以產生一種向心的內聚感覺，並拆除分隔祭台與信友席的欄杆，縮短教友與祭台的距離，使各人聚焦於彌撒進行。

一些聖堂設有閣樓供歌詠團唱詩，部分更放置大型風琴伴奏。「梵二」之後，歌詠團改到樓下就坐，靠近祭台一角，以電子琴伴奏，帶領全體信眾唱詩。此外歌詠團移至下層，亦方便參與彌撒和領聖體。

《禮儀憲章》鼓勵本地化，各地教會在設計聖堂時採用本地藝術創作，祭台、讀經台、聖體櫃、洗禮池、彩繪玻璃和繪畫等，開始不依照傳統式樣，而加入新時代風格，形態不一。

聖母無原罪主教座堂的閣樓設置大型風琴，舉行重要活動時供歌詠團在此唱詩。

上　聖安德肋堂的祭台背壁有大型彩繪玻璃畫，描述「耶穌所預許的天上盛宴」。
下　西貢鹽田梓的聖若瑟小堂保留舊式祭台，在前方設置新祭台供神父舉行彌撒。

元朗聖伯多祿聖保祿堂的舊祭台來自薄扶林的納匝肋修院，現在作展示用途。

天主教香港教區的領導層亦作出轉變，1967 年 7 月華籍的徐誠斌神父獲委任為輔理主教，兩年後繼承白英奇主教（Bishop Lorenzo Bianchi）出掌香港教區，成為香港首位華人主教，標誌着天主教會邁向本地化。

新界不少已停用的古老教堂，由於沒有翻新，原有設計原封不動保留下來，讓人看到「梵二」之前的祭台設計，緊貼着牆壁，部分擺放聖像。例子有西貢大浪村的聖母無原罪小堂（1867 年）、赤徑的聖家小堂（1874 年）、八鄉長莆的聖若望小堂（1928 年）等。西貢鹽田梓的聖若瑟小堂（1890 年）雖然恢復舉行彌撒，但沒有拆去舊祭台，只在前面加設一張新祭台作舉行彌撒之用。

聖公會聖雅各堂外牆有「聖父、聖子、聖靈」的圖像，代表三位一體。

第二章 解讀教堂密碼

早期的基督教徒受羅馬帝國迫害而未能公開聚會，唯有使用象徵符號傳達宗教理念，例如魚、錨，以及 XP 等。公元 313 年，羅馬皇帝君士坦丁一世（Constantine I）頒佈《米蘭敕令》，承認基督教的合法地位後，國民有信仰基督教的自由，可以建造教堂公開崇拜，之後十字架成為基督信仰的重要標誌，並衍生出不同設計和造型。

《聖經》中許多故事有深刻的寓意，有些觀念比較抽象或神秘，熟悉宗教的人士將這些觀念化為圖像或符號，讓觀者產生聯想，領悟當中道理。神父或牧師講道時，可藉着教堂中的象徵符號和圖案牽引出一段段故事，加強宗教訊息，傳達文字無法完全深入的境地。

色彩斑斕的彩繪玻璃或雕刻有助吸引人們注目，增加教堂美感。職是之故，在新建的教堂仍可見到各種宗教象徵出現，歷久不衰。只是這些古老圖像已非人人看得明白，有些圖案更有多重意思。

今以裝飾性較多的天主教和聖公會為例，介紹香港教堂和修院常見的基督宗教圖像、象徵符號和字母，亦有聖人、動物、植物和物體等，讓大家參觀時有更多體會。

四福音書的宗教圖像（方濟會香港思高聖經學會）

基督宗教早期符號

魚（Fish）

- 希臘文：ΙΧΘΥΣ
- 希臘文讀音：ichthys 或 ichthus
- 引伸為 Iesous Christos, Theou Yios, Soter 或 Iesous Christos, Theou Huios, Soter
- 英文：Jesus Christ, Son of God, Saviour
- 中文：耶穌基督，上帝之子，救世主
- 〈馬太福音〉4:19 和〈馬可福音〉1:17：「耶穌對他們（彼得和安得烈）說：來跟從我，我要叫你們得人如得魚一樣。」

聖公會諸聖座堂和諸聖中學

十字錨（Anchor Cross）

瑪利諾神父宿舍小堂

- 錨能使船隻安穩停泊，是安全、希望的象徵。
- 引伸意思是救贖、永生

十字架（Cross）

- 本是羅馬帝國的刑具，七世紀開始成為基督信仰的符號。
- 代表受苦、犧牲、死亡
- 亦是救贖、復活、勝利的標誌
- 凱爾特十字架（Celtic Cross）的中央加了圓圈，代表太陽、光環、永恆。

聖公會聖約翰座堂

上帝（天主）的象徵

太陽、手、眼睛、荊棘火焰

- 太陽：生命之源
- 手：創造世界
- 眼睛：能看穿一切
- 荊棘火焰：耶和華的使者在荊棘火焰中向摩西（梅瑟）顯現

聖公會聖約翰座堂

A、Ω（α、ω）

- 希臘文首個字母 Alpha 和最後字母 Omega
- 代表上帝是萬物之始，也是萬物之終。
- 〈啟示錄〉1:8：主神說：「我是阿拉法，我是俄梅戛，是昔在、今在，以後永在的全能者。」
- 〈啟示錄〉22:13：「我是阿拉法，我是俄梅戛，我是首先的，我是末後的，我是初，我是終。」

聖公會聖約翰座堂

I AM

- I AM WHO I AM 及 I AM has sent me to you 的簡稱
- 〈出埃及記〉3:14：神對摩西（梅瑟）說：「我是自有永有的。」又說：「你要對以色列人這樣說：『那自有的打發我到你們這裏來。』」
- 意指「I am the Existing One」，是超越時間與空間的「自有永有」。宇宙創始之初就存在的神，並永遠存在。

聖公會聖約翰座堂

耶穌的象徵

XP（基督）

- 希臘文 Χριστός 或 ΧΡΙΣΤΟΣ 的首兩個字母，通常重疊一起。
- 希臘文讀音：Christós
- XP 的希臘文讀音：Chi Rho（凱樂）
- 英文：Messiah
- 中文：彌賽亞（默西亞）
- 原意是受膏者（君王、司祭被選立時要領受傅油），引伸意思是上帝派遣來拯救世人的救世主。

聖公會聖保羅堂

IC XC（耶穌基督）

- 希臘文：Ἰησοῦς Χριστός
- 希臘文讀音：Iēsous Christos
- 拉丁文：IHCOYC XPICTOC
- 英文：Jesus Christ

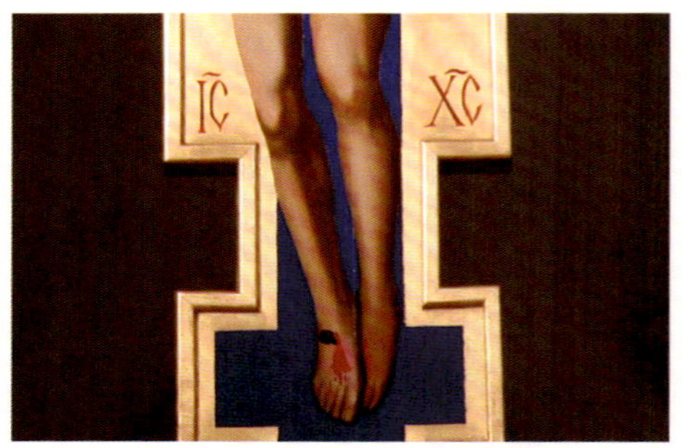

聖母無原罪主教座堂

IHC、IHΣ、IHS（耶穌）

基督君王小堂

- 希臘文：Ἰησοῦς 或 ΙΗΣΟΥΣ 或 IHCOYC 的簡寫
- 拉丁文：IHSOUS 的簡寫
- 英文：Jesus
- 拉丁文字母 I 和 J 相通，也會寫成 JHS。

IHS 或 JHS 其他演繹

- 希臘文：Iesus Hagiator Soter 的簡寫
- 拉丁文：Jesus Hominum Salvator 的簡寫
- 英文：Jesus, Saviour of men
- 中文：耶穌，人類救主

- 拉丁文：In Hac Salus
- 英文：In this（cross）is salvation
- 中文：藉此（十字架）得救

- 拉丁文：In Hoc Signo（Vinces）
- 英文：In this sign thou shalt conquer
- 中文：憑此徽號汝必得勝

元朗八鄉長莆聖若望小堂

INRI、INBI（拿撒肋或納匝肋的耶穌、猶太人之王）

- 耶穌被釘十字架時，頂端有一牌子以三種語文（拉丁文、希臘文和希伯來文）寫上耶穌的身份和「罪名」。
- 拉丁文：Iesvs Nazarenvs, Rex Ivdaeorvm
- 希臘文：Ἰησοῦς ὁ Ναζωραῖος ὁ Βασιλεὺς τῶν Ἰουδαίων
- 英文：Jesus of Nazareth, King of the Jews

聖公會聖約翰座堂

神的羔羊（Agnus Dei）

- 〈約翰福音〉1:29：施洗約翰（洗者若翰）在約旦河看見鴿子降臨耶穌身上，說：「看哪，神的羔羊，除去世人罪孽的！」
- 羔羊是猶太教祭祀中的犧牲品，代表耶穌為人類贖罪。
- 神的羔羊造型是白色，羊頭有十字光環，腳勾白底紅十字之旗，頂端有十字，代表耶穌戰勝死亡而復活。

聖公會聖保羅堂

聖心（Sacred Heart）

嘉諾撒仁愛女修會小堂

- 紅色的心，發射光芒或頂端有火焰燃燒，代表耶穌的慈愛、熱情和勇氣。
- 紅心纏了荊棘、插上矛，或頂端加上十字架，代表耶穌受難。

受難（Passion）

聖母無原罪主教座堂

- 十字架、INRI
- 荊棘冠、衣袍
- 鞭子、錘子、釘子、鉗子、骰子
- 長矛、長桿（頂端有海綿）、長梯

聖餐（Eucharist）

- 聖體：麥穗、無酵餅、麵包，代表耶穌的身體。
- 聖血：葡萄、酒杯，代表耶穌的血。

瑪利諾神父宿舍小堂

鵜鶘（Pelican）

- 寓言指鵜鶘（又稱塘鵝）為了餵飽雛鳥，讓牠們啄食自己的身體和喝自己的血。
- 寓意基督犧牲自己，代人贖罪。

粉嶺聖若瑟堂

聖靈（聖神）的象徵

鴿子（Dove）

- 〈路加福音〉3:22：耶穌在約旦河受了洗，正禱告時，聖靈降臨在他身上，形狀彷彿鴿子。

聖公會聖保羅堂

風（Wind）和火舌（Tongues of Fire）

- 〈使徒行傳〉2:1-3：五旬節到了，門徒都聚集在一處。忽然從天上有響聲下來，好像一陣大風吹過，充滿了他們所坐的屋子，又有舌頭如火燄顯現出來，分開落在他們各人頭上。他們就都被聖靈充滿，按着聖靈所賜的口才說起別國的話來。
- 宗教藝術家繪畫火舌的數量不一，有七道、九道或十二道。

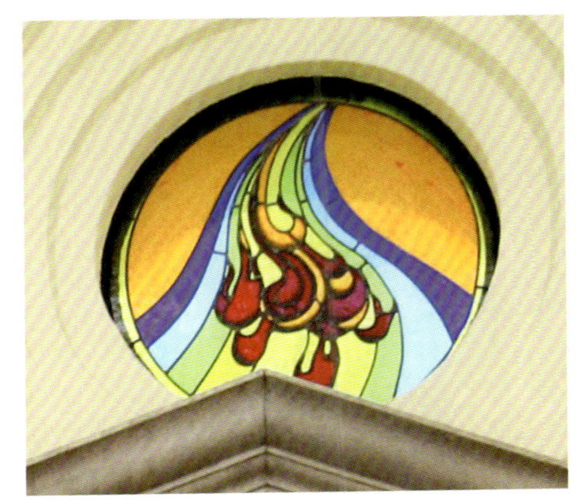

聖母無原罪主教座堂

三位一體（Trinity）

- 神（Deus）是獨一的，有三個位格：聖父（Pater）、聖子（Filius）、聖靈（Spiritus Sanctus），每個位格都擁有神的本質，沒有等級之分。
- 聖父不是聖子或聖靈，聖子不是聖靈或聖父，聖靈不是聖父或聖子，但聖父是神，聖子是神，聖靈也是神。

聖公會聖約翰座堂

聖母瑪利亞（馬利亞）的象徵

AM（《聖母經》）

- 拉丁文：Ave Maria
- 英文：Hail Mary
- 《聖母經》是基督宗教的祈禱文，向聖母瑪利亞致敬。又譯「萬福瑪利亞」。

聖母神樂院的聖母亭

MD、MA DI、MP ΘY（天主或上帝之母）

- 拉丁文：Mater Dei（簡寫 MD 或 MA DI）
- 希臘文：Μήτηρ Θεοῦ（簡寫 MP ΘY）
- 英文：Mother of God

香港聖彼得聖保羅教堂

聖母聖心（Sacred Heart of Mary）、聖母無玷之心（Immaculate Heart of Mary）

- 紅心的心，頂端有火，代表聖母的慈愛。
- 紅心上插了七把劍，代表聖母所受的七苦。
- 紅心有玫瑰花纏繞，代表聖母圓滿的德行。

嘉諾撒仁愛女修會小堂

《玫瑰經》、念珠（Rosary）

- 《玫瑰經》以玫瑰奉獻聖母、頌讚聖母：「玫瑰在太陽底下盛開，就如聖母的生命在天主眼下盛放。」
- 念珠是用於計算誦念《玫瑰經》次數的珠子
- 耶穌將念珠交給聖道明，聖母將念珠交給聖加大利肋．亞西納，要他們推廣《玫瑰經》。

玫瑰堂

百合花（Lily）、鳶尾花（Fleur-de-lis）、無刺的玫瑰（Rose）

- 貞潔、無原罪
- 鳶尾花的三片花瓣也代表三位一體
- 百合花也是天使長加百列（加俾額爾）、聖若瑟的象徵物

嘉諾撒仁愛女修會小堂

冠冕（Crown）

聖母無原罪主教座堂

- 《玫瑰經》的榮福五端提到，聖母瑪利亞結束人間生活後榮召升天，被加冕成為皇后（Queen of Heaven）。
- 榮耀、高貴和受尊敬

月亮（Moon）、星（Star）

聖母無原罪主教座堂

- 〈啟示錄〉12:1 有關天上異兆的經文提到，有一個女人，身披太陽，腳踏月亮、頭戴十二顆星的榮冠。
- 比喻為「海洋之星」（Stella Maris），引領人們通過黑暗和波濤。

✠ 四福音書的象徵（又稱四活物）

- 〈馬太（瑪竇）福音〉
  天使，象徵智慧。
- 〈馬可（馬爾谷）福音〉
  有翼雄獅，象徵勇猛。
- 〈路加福音〉
  有翼公牛，象徵力量。
- 〈約翰（若望）福音〉
  鷹，象徵敏鋭迅速。

粉嶺聖若瑟堂

✠ 主要使徒的象徵

- 聖彼得（聖伯多祿）
  鑰匙、漁網、漁船、福音書、公雞、磐石、倒轉十字架（殉道）
- 聖保羅（聖保祿）
  劍（殉道）、福音書、書信的希臘文 Epistle 或拉丁文 Epistola
- 聖安得烈（聖安德肋）
  X 形十字架（殉道）、漁網、漁船
- 聖雅各（聖雅各伯）
  扇貝、木杖（曾在西班牙傳教）
- 聖約翰（聖若望）
  福音書、鷹、蛇與酒杯（傳説約翰在以弗所傳教時，有猶太教祭司以毒酒試探他是否篤信基督）

聖瑪加利大堂的聖伯多祿像和聖保祿像

✠ 聖若瑟（聖約瑟）的象徵

- 拿撒勒（納匝肋）的木匠
- 瑪利亞的丈夫、耶穌的義父
- 手持木匠工具、百合花，或開花的木杖，或手抱小耶穌。
- 被奉為善終和工藝者的主保

聖若瑟堂

✠ 施洗約翰（洗者若翰）的象徵

- 耶穌的表親，比耶穌年長半歲。
- 成年後隱居荒野，穿駝毛粗衣。
- 預言救世主即將來臨，在約旦河宣道，為追隨者洗禮。
- 耶穌來到約旦河，約翰看見鴿子（聖靈）降臨耶穌身上，他應耶穌要求給予施洗。
- 因公開斥責希律娶了兄弟的妻子希羅底，最後被希羅底的女兒莎樂美斬首。

聖公會聖安德烈堂

其他動物的象徵

蛇（Snake 或 Serpent）、有翼的龍（Dragon）

- 「聖母無原罪」腳踏吃禁果的蛇：代表罪、誘惑、毒
- 天使長聖彌額爾（聖米迦勒）腳踏的飛龍：代表撒旦、魔鬼
- 蛇纏繞杖，象徵治癒徵。〈民數記〉21：8，耶和華對摩西（梅瑟）說：「你製造一條銅蛇，掛在杆子上；凡被咬的，一望這蛇，就必得活。」

西貢聖心堂

鷹（Eagle）

- 用作讀經台的設計，代表天主聖言像鷹的尖銳目光一樣能看透（啟發）人心，並將之傳達遠方。
- 〈約翰福音〉和聖約翰的象徵物

聖公會諸聖座堂

其他物體的象徵

扇貝（Scallop shell）

- 浸禮，代表教會領人歸信基督。
- 據說使徒雅各曾在西班牙傳道，後來該處成為朝聖之地。
- 昔日的朝聖者隨身帶着扇貝，以便在水泉或河溪取水喝。因此扇貝代表朝聖，亦成為聖雅各的象徵物。

聖公會聖保羅堂

牧杖（Crozier 或 Crook）

- 〈約翰福音〉將耶穌比喻為好牧人，為羊捨命。
- 以牧羊人的曲柄手杖作為主教的牧杖，代表主教肩負牧養子民的責任。
- 權柄

聖公會聖約翰座堂

堅道聖母無原罪主教座堂是天主教香港教區的總堂區

第三章 各區教堂歷史

香港島

Hong Kong Island

聖公會在港島開基

英國人佔領香港後兩年，英國聖公會派遣史丹頓牧師（Rev. Vincent John Stanton）來港，牧養英國駐軍和僑民，並培養本地傳道人員。他於 1843 年 12 月攜同太太抵港，逗留時間只有七年，先後籌建聖約翰教堂和聖保羅書院，到今天仍然存在。

後人為史丹頓牧師立了一塊石碑，刻了他在遠東的簡歷：「1838 至 1842 年到中國傳教，1843 至 1851 年擔任第一位殖民管治地區牧師，1845 年成立這間書院」。此碑原放在中環鐵崗的史丹頓樓，拆卸後置於港中醫院地下，現由聖公會檔案處保存。

香港聖公會保留了一塊紀念碑，記載史丹頓牧師赴華和來港的經歷。

✠ 聖約翰座堂

聖公會教友最初在中環美利操場附近搭了一座草棚舉行崇拜，史丹頓抵港後着手籌建新堂。港府以永久業權（freehold land）形式撥出政府山一塊土地作為堂址，位置在行政中心、商行區和軍營之間，佔有地利優勢。

1847 年 3 月 11 日，第二任港督戴維斯（John Francis Davis）為教堂奠基，設計參考倫敦建築師哈域（Hardwicke）的早期圖則，先後由港府測量總監歌頓（A. T. Gordon）和急庇利（Charles St. George Cleverly）修訂。1849 年聖約翰教堂落成，同年 3 月 11 日由第三任港督般含（Samuel George Bonham）主持開幕，史丹頓牧師負責首次崇拜。

上　聖約翰座堂於 1873 年向東擴建，1956 年加建新座作為教堂職員辦公地方。

下　聖約翰座堂未擴建前，平面呈拉丁十字形，擴建後聖所位置拉長。(圖片提供：聖公會聖約翰座堂)

整項工程耗資8,736英鎊，由英國政府和在港僑民分擔。

1849年聖公會成立維多利亞教區，範圍包括香港、中國內地五個口岸，以及日本等地。1850年施美夫牧師（Rev. George Smith）來港就任維多利亞教區第一任主教（又稱會督），聖約翰教堂獲賦予座堂（Cathedral）地位。

聖約翰座堂採用哥德復興式風格，初期缺乏資金，門樓之上未有鐘塔，1850年再籌款建成。樓頂以齒形矮牆設計，四角加上小尖塔裝飾。門樓中央入口可見維多利亞女皇（Queen Victoria）的VR（Victoria Regina）標誌和1847的年份，左右兩側入口有戴維斯和般含的徽章。

教堂平面呈拉丁十字形，聖壇部分較短，中殿較長，設有640個座位。及後為容納更多信眾而擴建聖壇部分，1869年由訪港的愛丁堡公爵（Duke of Edinburgh）奠基，1873年完成，增加64個座位。此時聖堂平面變成了前後兩端對等的十字形，交叉點在教堂中央。

香港淪陷時期，許多英籍神職人員被送往赤柱拘留營。聖約翰座堂由挪威籍的牧師主理，繼續崇拜活動。但到了1944年7月，日軍將聖約翰座堂改為公共會堂，很多設備被拆去，包括鐘樓的銅鐘，彩繪玻璃窗亦不知所終。幸好天主教香港教區主教恩理覺（Bishop Enrico Pascal Valtorta）事先將座堂大部分物品搬至安全地方，避過一劫。

戰後座堂修復，1953年滙豐銀行捐獻八個銅鐘，紀念伊利沙白二世（Elizabeth II）加冕為英女皇，令鐘聲重現。聖公會聘請英國的Joseph E. Nuttgens重新製作彩繪玻璃窗，東窗（1956年）以耶穌被釘十字架後復活為題，獻給香港在日佔期間受苦和逝世的人；南窗（1958年）講述耶穌生平，包括誕生、領洗和升天；北窗（1959年）的主題是耶穌平息風浪，紀念兩次大戰中葬身大海的人。

正門（西門）入口地面由本地工藝家Luk Ah Yee鋪上馬賽克嵌畫（1968年），呈八角形，以藍色為背景，代表洗禮的水。中央的圖案為元代景教十字（景教乃最早傳入中國的基督教派），周圍有聖父、聖

上　聖約翰座堂的祭壇現在移至十字交叉點，左右兩翼為南、北耳堂。
下　東窗的彩繪玻璃窗以耶穌被釘十字架為主題，頂端有「神的羔羊」和天使。

上左　木造的講道台相信由港督羅便臣爵士於 1898 年奉獻

上右　黃銅製造的讀經台以鷹為裝飾，寓意傳揚福音。

中　教堂入口鋪上八角形馬賽克畫，中央有景教十字，四端圖象代表聖父、聖子、聖靈和聖約翰（鷹）。

下　聖約翰座堂前面第一排長凳有皇室徽章，過去留給港督和皇室成員就座。

子和聖靈的象徵物，以及一隻代表《聖經．約翰福音》的白腹海鵰（鷹科）。

聖壇原置於東窗之下，1968 年因應禮儀改革而移至教堂的十字交叉點位置，後面是詩班席。聖壇一邊擺放以鷹為造型的讀經台（1872 年），另一邊有座古老的講道台，相信是 1898 年由港督羅便臣爵士（Sir William Robinson）奉獻。

北耳堂一角原是洗禮堂，1981 年改作靜修堂。附近放置了昔日的石製洗禮盆（1890 年），呈八角形，作展示用途。現今洗禮所用的木製洗禮盆，因應禮儀革新而置於正門入口。

南耳堂一角設有「天使長聖米迦勒堂」（St. Michael's Chapel），紀念日本侵港期間為守衛香港而犧牲的人。裏面擺放許多戰時遺物，包括軍團旗幟、紀念軍團官兵死亡的牌匾、皇家海軍訓練船「矢車菊」號（HMS Cornflower）的船匾，以及深水埗戰俘營小聖堂的祭壇背壁等。

座堂內外還有不少紀念碑，例如香港政府公務人員悼念港督尤德爵士（Sir Edward Youde）在 1986 年 12 月逝世的石碑、英國海軍上校卑特（William Thornton Bate）於 1857 年在廣州戰死的紀念碑，以及 1993 年元旦蘭桂坊人踩人事件罹難者的碑石等。

教堂外面有一座凱爾特十字架，悼念在兩次大戰中逝世的人。旁邊可見香港義勇防衛軍二等兵麥斯維爾（Ronald Douglas Maxwell）之墓，他是天主教徒，1941 年 12 月 23 日與日軍對抗時陣亡，同袍將其遺體移至聖約翰座堂外面埋葬，戰後獲容許繼續保留。

聖約翰座堂於 1996 年被列為法定古蹟，是香港目前仍然運作中最古老的教堂。古蹟範圍包括建於 1921 年的副堂，初名 Church Hall，1991 年改名 Li Hall（李堂），紀念作出捐獻的李福慶及其夫人。附近還有一座 1956 年建成的辦公樓，名為 New Hall（新座），已被評為二級歷史建築。

上 位於座堂南翼的天使長聖米迦勒堂，用以紀念二戰期間保衛香港的人。

中 教堂花園豎立凱爾特十字架，紀念兩次大戰的死難者，旁邊有香港義勇防衛軍二等兵麥斯維爾之墓。

下 聖約翰座堂副堂建於1924年，同樣採用哥德復興式風格，屬法定古蹟一部分。

✠ 聖士提反堂

建立聖約翰座堂主要是牧養在港的英國人，及後愈來愈多華人信教，施美夫認為有需要建立專供華人崇拜的教堂，於是在上環荷李活道大笪地對面買地建堂，1865 年落成，名為「聖士提反堂」。初期該堂仍由英籍傳教士主持，1863 年首任會督施美夫按立澳洲華僑羅心源為教會首任華人會吏，到 1884 年第三任會督包爾騰（Bishop John Shaw Burdon）按立鄺日修為首位華人牧師，他們負責聖士提反堂事工，吸引許多華人到來聽道。

港府其後擴建荷李活道，與聖公會商議換地。1888 年聖士提反堂遷往西營盤半山般含道，開拓西區教務。1923 年教堂受颱風重創，重修時進行擴建。二戰後教堂殘舊，地方也不敷應用，於是購入鄰近土地，1965 年建成新堂，這是第三代的教堂。正門入口保存第二代教堂祭壇後方一幅彩繪玻璃窗，上方以耶穌升天為題材，下面描繪聖士提反與猶太人就基督信仰激辯，結果被人用石頭砸死的故事。

第一代教堂所在的荷李活道大笪地舊址，今天也有一間聖公會教堂，名叫「聖馬太堂」，由第七任會督何明華（Bishop Ronald Owen

聖士提反堂是聖公會第一間華人教堂，1888 年由中環遷往般含道，1965 年重建。

Hall）於 1949 年建立，當時是一幢舊樓，之後購買隔鄰地段進行重建，1967 年建成今天的教堂。

重建後的聖士提反堂保留上一代教堂的彩繪玻璃窗，描繪耶穌升天和聖士提反殉道。

✠ 聖保羅書院和會督府

聖公會在英治時代享有特殊地位，獲得政府山土地興建聖約翰座堂，另外在政府山旁的鐵崗（今上、下亞厘畢道之間）興建聖保羅書院，主要是訓練華人學生成為傳教士。1849 年開始招生和籌建校舍，施美夫牧師抵港出任聖公會維多利亞教區首任會督後翌年（1851 年），聖保羅書院正式成立，施美夫牧師兼任校監，住在書院上層。

第一代的聖保羅書院主樓擁有都鐸式風格，西北角設有八角形塔樓，正門有闊大的四心拱（都鐸拱），上面刻了 ANNO DOMINI 1851，顯示它於公元 1851 年落成。側門刻有「耶穌教」三個中文字，是學生通往下亞厘畢道的門口，現已封閉。

聖保羅書院曾經因缺乏老師和其他原因而停辦，1909 年復校，由英國海外傳道會（Church Missionary Society）接手，轉為英文書院，不再以訓練華人傳道為目標。

日佔時期聖保羅書院停辦，戰後被聖公會安排與聖保羅女書院合併，名為「聖保羅男女中學」，是香港首間男女同校的中學。1950 年回復男校，遷往般咸道香港大學聖約翰舍堂舊址，鐵崗的校舍改稱「會督府」或「主教府」。今天在會督府外圍石欄仍見到「聖保羅書院」的

上　以都鐸復興式風格設計的會督府，最初用途是聖保羅書院。

下　會督府正門門楣刻了 1851，是聖保羅書院正式成立的年份。

石匾，兩旁刻上「恭敬天主，愛人如己」，是包爾騰就任會督期間（1874 至 1897 年）所立的校訓。

✠ 聖保羅堂

聖士提反堂於 1888 年遷往西營盤後，中上環便沒有專為華人而設的聖公會教堂。隨着華人信徒增加，教友林護、黃茂林和李維楨等人於 1909 年發起在中環己連拿利建立華人教堂。此時聖保羅書院復校，校

上　聖公會聖保羅堂位於己連拿利，1934年向山擴建，增加容納信眾。

中　聖保羅堂祭壇後方有五幅聖像彩繪玻璃，由史超域牧師於1917年在英國訂製捐贈。

下　聖保羅堂後面的牧師樓於1935年落成，並未列入歷史建築評級名單。

長史超域牧師（Rev. Arthur Dudley Stewart）有擴充學校之意，因此雙方合作在書院旁興建一座建築物，下層用作課室，上層作為教堂，1911年10月28日啟用，名為「聖保羅堂」。

聖保羅堂的祭壇背壁安裝了五扇彩繪玻璃窗，是史超域牧師在英國訂購，1917年贈送給聖保羅堂，品質和手工均很精緻。玻璃窗展示五位人物，中間為耶穌，左右有門徒保羅、彼得、安德烈和約翰。祭壇兩側擺放1930年代英國製造的管風琴，至今仍可使用。

何明華會督於1934年要求港府撥地擴建聖保羅堂，除了延長教堂40呎和增建閣樓之外，後方也建了兩層高的牧師樓。1971年更名「雪卿樓」，以紀念捐款十萬元給聖保羅堂的接生婦黃雪卿（又名黃二姑）。

1991年聖保羅堂落成八十周年時進行維修，按禮儀改革將祭壇移出，上方懸吊十字架。教堂兩旁換上由英國運來的彩繪玻璃窗，展示各種宗教象徵。

✠ 聖公會建築群

鐵崗上的舊建築

歷史建築	年份	評級
會督府（又稱主教府）	1851年	一級歷史建築
聖保羅堂	1911年	一級歷史建築
聖保羅宿舍（現稱教會禮賓樓）	1919年	一級歷史建築
聖保羅書院南翼（現稱廣傑樓）	1851年，1937年加建一層。	二級歷史建築
牧師樓（現稱雪卿樓）	1935年	沒有列入評級名單
霍約瑟紀念校舍（現稱莫慶堯樓）	1954年	沒有列入評級名單
前基恩小學校舍（現稱約翰馬利樓）	1954年	沒有列入評級名單

聖公會計劃重建鐵崗的建築群，承諾保留會督府、聖保羅堂、教會禮賓樓和前聖保羅書院南翼等四座評級建築。

鐵崗的建築物都屬於聖公會，約有十一幢，其中四幢已獲評級。位於上亞厘畢道 1 號的聖保羅宿舍，又稱「馬田樓」，紀念馬田牧師（Rev. Canon E. Martin）。它樓高三層，最初給聖保羅書院的師生住宿，後來招待訪港的賓客和傳教士，其中一位住客是歐亞混血女作家韓素音，現供聖公會團體使用。這幢宿舍原本很長，但後來有半邊拆去，建了兩座高層宿舍。

前聖保羅書院南翼於 1949 年起先後用作聖馬可中學、聖彼得小學、基恩小學和聖公會幼稚園的校址，亦是明華神學院一部分。回歸前夕，聖公會港澳教區籌備香港聖公會教省，1998 年成立，鄺廣傑擔任首位大主教，至 2007 年退休。同年南翼修葺完成，改名「廣傑樓」，以表揚鄺廣傑對聖公會的貢獻。

書院北翼在 1953 年拆卸重建，樓高四層，1955 年創校的聖公會基恩小學長時間在此上課。學校稱此建築物為「新樓」，前聖保羅書院南翼則是「舊樓」。2007 年「新樓」修葺，獲一位女士捐錢，改名「約翰馬利樓」，以紀念她的父親約翰和母親馬利。

南、北翼之間有一座建於 1954 年的霍約瑟紀念校舍，外牆下方有一塊碑石，記載聖公會維多利亞教區第四任會督霍約瑟（Bishop Joseph Charles Hoare）的生平，以及 1906 年與聖保羅書院四名學生在屯門傳道時遇上颱風罹難的經過。此樓曾借予草創時期的崇基學院上課，該院於 1956 年遷往馬料水，外牆高處至今仍保留其蓮花十字校徽。2007 年該樓改名「莫慶堯樓」，紀念捐款的莫慶堯醫生。

鐵崗（下亞厘畢道）的史丹頓樓，在上世紀五十年代曾租予廣州嶺南大學醫學院的畢業生實習，以便他們考取醫生牌照在港執業。樓宇重建後，這批醫生在此開辦港中醫院。這是一間私立醫院，並不隸屬香港聖公會。

2009 年香港聖公會宣佈斥資八億元重建鐵崗的建築群，只保留四幢評級建築，包括主教府（前聖保羅書院主樓）、廣傑樓（前聖保羅書院南翼）、聖保羅堂和教會禮賓樓（馬田樓）。翌年聖公會通知港中醫

教會禮賓樓原稱「馬田樓」，1919 年建成，有半截樓房已拆卸，建了高層宿舍。

● 前聖保羅書院南翼（左）、莫慶堯樓（中）和約翰馬利樓（右）曾先後用作明華神學院的校舍

院中止租約，收回土地，但院方最初不願交還，經法律訴訟後，港中醫院最終於 2012 年結束。

香港聖公會教省辦事處已於 2011 年遷出主教府，原計劃拆卸戰後樓宇後，將興建一幢二十多層高的大樓，內設由聖公會主理的私家醫院，但地區人士認為大樓過高而提出反對，至今尚未動工。

綜觀聖公會早年在港島建堂，第一間是聖約翰座堂（1849 年），其次是聖士提反堂（1865 年）、聖保羅堂（1911 年）及銅鑼灣的聖馬利亞堂（1912 年）。戰後則有上環的聖馬太堂（1949 年）、赤柱聖士提反堂（1950 年）、堅尼地城的聖路加堂（1951 年）、灣仔的聖雅各堂（1953 年）、筲箕灣的主誕堂（1960 年）和北角的聖彼得堂（1961 年）等，它們見證了聖公會的傳教事業，由中上環發展至其他地區。✞

新教在維多利亞城的據點

英國人於 1841 年 1 月 25 日登陸香港，以中環為行政中心，開始賣地建屋和做生意。西方傳教士隨之抵達，展開傳福音的工作，第一批是美國浸信會的牧師和天主教的神父，他們從澳門前來，接着是倫敦傳道會和聖公會的牧師，他們為香港教育、醫療和社會服務奠下基礎。之後陸續有西方傳教士東來，並以香港為跳板，進入清廷管轄下的中國大陸傳道。

美國浸信會

美國浸信會的羅孝全牧師（Rev. Issachar Jacox Roberts）、叔未士牧師（Rev. Jehu Lewis Shuck）與夫人何顯理（Henrietta Hall）於 1842 年 2 月和 3 月由澳門來港。羅孝全在赤柱佈道，叔未士在皇后大道與歌賦街之間設立「皇后道浸信會」（Queen's Road Chapel），星期日上午舉行英語崇拜，下午粵語。不久又在上環市集旁設立「街市福音堂」（Bazaar Chapel），向本地人傳教。

美國浸信會的何顯理是第一位來港的女宣教士，1844 年在港逝世，其墓碑在跑馬地香港墳場。

1844 年叔未士與何顯理在上環「百步梯」（今荷李活華庭側）開辦宏藝書塾，教育歐籍女子，後來兼收華人女生，可說是香港第一間女校。可惜何顯理在同年 11 月病逝，年僅 27 歲，宏藝書塾不久亦停辦。何顯理在香港兩年半時間創下四項紀錄，包括第一位居住香港的西方婦女、第一位來港的女宣教士、第一位在港

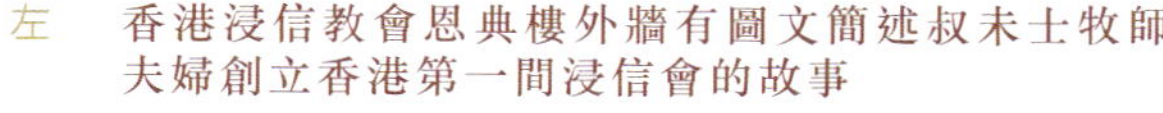
左　香港浸信教會恩典樓外牆有圖文簡述叔未士牧師夫婦創立香港第一間浸信會的故事

右　堅道的香港中華基督教浸信會 1922 年奠基石

創辦女校的人，以及第一位在港安息的新教宣教士。香港墳場內放置了一塊紀念墓碑，記載她的短暫一生。

何顯理逝世後九十二年（1936 年），兩廣浸信會在廣州舉行在華百周年紀念大會，議決在香港建立一間學校紀念何顯理對教育的貢獻。當籌得了經費，香港卻淪陷，學校延至 1951 年才正式開辦，命名為「顯理中學」。

浸信會的堂址多次搬遷，1901 年獲美國紐約熱心信徒溫德普夫人（Mrs Vanderpool）捐資購入卑利街 51 號，改建為禮拜堂，又從三藩市聘請湯傑卿牧師來港主理堂務，自此華人有了固定堂址和牧師，時稱「中華基督教香港浸信自理會」。其後華人信徒購得堅道 50 號興建新堂，1923 年落成，改名「香港浸信教會」，教徒習慣稱之「堅浸」。1952 年重建，1980 年代再與相鄰物業合併重建，成為十七層高的大樓。2015 年底購入對面一幢樓房（堅道 97 號），翌年啟用，取名「恩典樓」。

✠ 倫敦傳道會與佑寧堂

1795 年在英國成立的倫敦傳道會，是一個向海外傳播福音的機構，成員包括公理會、長老會、聖公會和循道會。1807 年派遣馬禮遜牧師（Rev. Robert Morrison）來華，當時中國禁教，馬禮遜暗中在廣州十三行聘請中國人教他中文，以便翻譯《聖經》，其後他受僱英國東印度公司為傳譯，停留澳門期間編寫《華英字典》。1834 年東印度公司的專利權終止，他轉為擔任英國駐華商務監督律勞卑（William John Napier）的漢文正使兼翻譯，同年病逝廣州，享年 52 歲，葬於澳門基督教墳場。

馬禮遜的工作對東學西傳和西學東來發揮很大功用，他與米憐牧師（Rev. William Milne）於 1818 年在馬六甲創辦英華書院，是世界上第一間中英文學校，吸引不少歐美傳教士到來學習中文，也向華人傳授西方知識和基督教思想。1839 年倫敦傳道會傳教士兼漢學家理雅各牧師（Rev. James Legge）出任校長，1843 年他將學校遷往香港，同行還有多名華人畢業生，包括梁發和何福堂（何啟父親）。其時港府已撥出灣仔飛鵝山（後稱「摩理臣山」）給澳門的馬禮遜教育協會興辦馬禮遜紀念學校，英華書院未獲土地，唯有自行物色校址。

1844 年初，理雅各投得中環荷李活道和士丹頓街之間兩塊相連地皮，興建兩層高的傳道會大樓，內有英華書院、辦公室、宿舍、印刷所

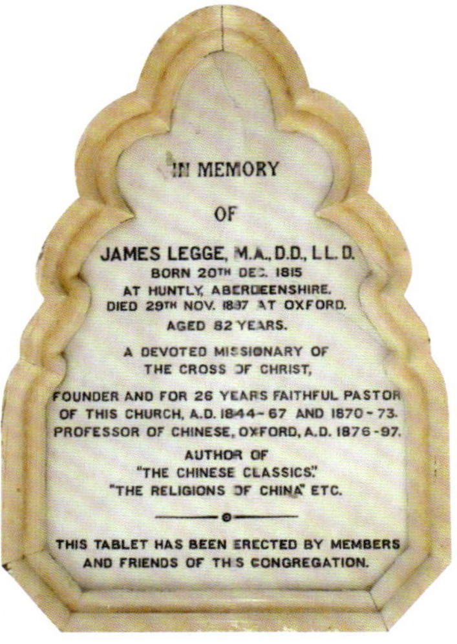

左　倫敦傳道會的理雅各牧師將英華書院遷來香港

右　佑寧堂有石碑紀念在港建立倫敦傳道會教堂的理雅各牧師，讚揚他對教會作出貢獻。

上　堅尼地道的佑寧堂以麻石築砌，反映五十年代流行的建築特色，但2018年初拆卸，成為豪宅一部分。

左下　昔日的佑寧堂有拱形天花，佈置樸實。

右　佑寧堂重建後與住宅大廈合成一體

和圖書館，教友在書院聚會。翌年有西教徒在大樓毗鄰（荷李活道和伊利近街交界）捐建一座禮拜堂，名為Union Church，中文譯作「愉寧堂」（後稱「佑寧堂）」，參加聚會者無分國籍、種族或宗教派別，只需通曉英語便可。

此外，理雅各在下市場開設真神堂向華人傳教，信徒增多後，於1862年成立華人教會。1865年愉寧堂遷至士丹頓街重建，華人的禮拜堂亦漸感不敷，便借用愉寧堂聚會，西人在上午，華人在下午。到1880年，倫敦傳道會不再為佑寧堂提供牧養，管理權交予該堂受託人。

自此華人教友再無法理使用佑寧堂，興建華人教堂逼在眉睫了。

1891 年在湛約翰牧師（Rev. John Chalmers）努力下，西教徒將愉寧堂遷至較寧靜的堅尼地道。教堂有高昂的尖頂鐘樓，旁邊是纜車路軌，成為半山區的地標。二戰時教堂受嚴重破壞，戰後重建，1955 年落成。其設計一改過去的古典色彩，棄用裝飾，全用麻石築砌，鐘樓豎立在旁，展現現代主義特色。

香港佑寧堂及鐘樓於 2017 年 3 月獲古諮會評為三級歷史建築，但同年底，教堂所屬的香港基督教協進會將之拆卸，與發展商合作重建成一幢二十二層高的大廈，最低五層留給佑寧堂使用，樓上為住宅。這塊原本作為宗教和慈善用途的土地，結果變成了商業項目，富有上世紀特色的教堂亦告消失，令部分教友不滿，在社會上也引起爭議。

✠ 華人自立教會

早期倫敦傳道會在太平山街福音堂二樓設有診所，後因不敷應用而需籌建醫院。已故律師高露雲（Daniel Caldwell，又稱高三桂）的太太 Chan Ayow（高三桂太）在荷李活道擁有一幢空置房子，她是倫敦傳道會的教友，經商討後願意將原值七萬元的房產以半價出售，指定一半給教會興建醫院，另一半給華人建造教堂。

醫院由留學英國、取得醫學和法律學位的何啟出資興建，1887 年建成，名為「雅麗氏利濟醫院」，紀念早逝的英籍太太 Alice Walkden。教堂由華人教友集資興建，1888 年開幕，名為「道濟會堂」，邀請巴陵會的王煜初牧師（原是禮賢會傳道人）主理教務。聖堂佈置簡樸，聖壇只擺放木桌，壁上懸掛「天道下濟」匾額，由「舊金山吭紀慎會」（公理會）題。雅麗氏利濟醫院內設香港西醫書院，孫中山就讀期間常到道濟會堂參加聚會。

華人有了自建的教堂，亦有華人牧師，但道濟會堂的業權仍屬於倫敦傳道會，按立牧師的權力亦來自該會，所以教會還未算完全自立。

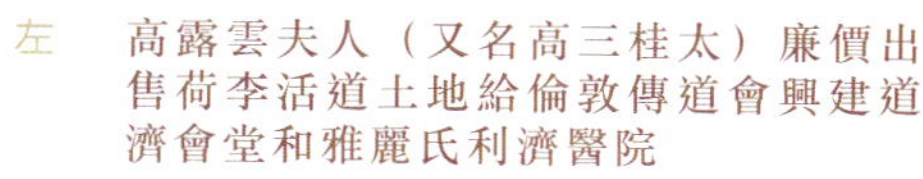
左　高露雲夫人（又名高三桂太）廉價出售荷李活道土地給倫敦傳道會興建道濟會堂和雅麗氏利濟醫院

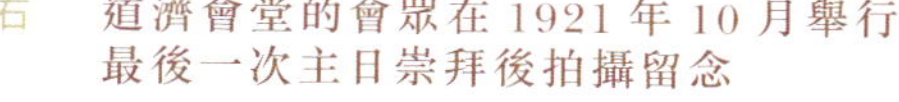
右　道濟會堂的會眾在 1921 年 10 月舉行最後一次主日崇拜後拍攝留念

1902 年王煜初病逝，道濟會堂長老區鳳墀等邀請巴色會（今崇真會）的張祝齡到來擔任傳道，1922 年獲倫敦傳道會按立為牧師，主理道濟會堂。

當時中國大陸民族主義情緒高漲，華洋之間時起衝突，西方教會常被指為帝國主義的侵略工具，教案頻生，反基督教的風氣日漸熾熱。在華的西教士開始探討教會自立問題，由華人管理教會，以洗脫「洋教」之名，使基督教可以在中國札根。

在這個時代背景下，長老會、倫敦傳道會和公理會等代表於 1918 年在南京開會，提出本色化的發展方針，探討教會合一。一年後有其他教會加入，在廣州宣佈成立「中華基督教會廣東大議會」。1921 年道濟會堂加入成為其中一員，隸屬中華基督教會廣東協會第六區會，正式脱離倫敦傳道會。

✠ 由道濟會堂到合一堂

倫敦傳道會買了般含道與羅便臣道之間一幅土地，陸續興建那打素醫院（1893 年）及傳教士辦事處與宿舍、英華女學校（1900 年）、雅麗氏紀念產科醫院（1904 年）、何妙齡醫院（1906 年）和護士宿舍（1914 年）等。

在荷李活道的雅麗氏利濟醫院因不足應付所需，1921 年遷往般含道與那打素醫院合併擴建。原址變賣，由於地契是醫院與教堂相連，所以道濟會堂也要物色地方他遷。倫敦傳道會的皮堯士牧師（Rev. Thomas R. Pearce）建議道濟會堂出資在羅便臣道興建一座傳道會大樓，以換取般含道 2 號土地興建新堂，令道濟會堂可以真正自立。

倫敦傳道會大樓位於英華女學校旁，1921 年落成，樓高三層。般含道的新堂由華人募集建築費用，當中得到澳洲回港經商的馬永燦、馬應彪和郭泉等華僑鼎力支持，令教堂建得宏偉龐大。

新堂原定於 1922 年 1 月 16 日奠基，怎料政府要拓展西摩道，徵用數千呎土地，道濟會堂唯有更改圖則，放棄在新堂前面興建一座獨立鐘

左　合一堂在 1924 年 10 月 10 日舉行奠基禮，暗示教會與辛亥革命的關係。

右　道濟會堂正門的石額（1886 年）現嵌於中華基督教會合一堂香港堂正門側面

樓，改為將鐘樓與教堂結合一起。接着發生海員大罷工，令奠基禮押後至 1924 年 10 月 10 日舉行。之後又有省港大罷工，大量建築工人返回內地，令工程停頓，最終延至 1926 年 10 月 9 日開幕，由崇真會香港總會會長張聲和牧師（張祝齡牧師父親）主持啟鑰禮，副堂由伍廷芳夫人何妙齡（何啟之姊）啟鑰。經信眾投票表決，教堂命名為「中華基督教會合一堂」，代表基督教派合一。正門旁邊牆腳嵌入一塊來自荷李活道舊堂的「道濟會堂」石匾，顯示兩者一脈相承。

合一堂由本地建築師樓巴馬丹拿（Palmer & Turner）設計，外表有別於一般的新教教堂。牆身加了華麗奪目的紅白磚帶，兩側高處有飛

合一堂利用紅磚砌出紅白色彩，窗花有 AM 的美術字圖案，是少數有華麗外表的新教教堂。

扶壁伸出，配以尖拱窗和花葉形圖案裝飾，屬於哥德復興式風格。窗門可見 A 和 M 兩個英文字母合體，那是 Ave Maria 的簡稱，富有天主教堂特色。室內祭壇後壁原本開了三個尖拱窗，可惜戰時被炮彈震碎玻璃窗，戰後經費匱乏沒有修補，只將之填封，現今在中央懸掛巨形十字架。

合一堂內到處擺放名人瓷相，包括何妙齡、馬永燦、何福堂夫婦、皮曉士和高露雲夫人的像贊，他們都是倫敦傳道會的忠實信徒，對合一堂貢獻良多。

合一堂擁有多個之最，包括香港最早自立的華人教會，以及最早發展聖樂和推行青少年事工的教堂。早期多位核心成員參與香港的教育、醫療和百貨業，開創先河，有不少更是香港和內地的改革者。另外亦有教友身兼男青年會、女青年會和東華醫院的成員，部分獲政府委任為立法局和行政局的非官守議員，與社會發展息息相關。

倫敦傳道會於 1933 年將香港的物業和事工交由中華基督教會廣東協會第六區會（1953 年改稱「中華基督教會香港區會」）接辦，今天在般含道與羅便臣道之間的地段，只剩下中華基督教會合一堂（一級歷

合一堂的聖所原本開了三個尖拱窗，但戰時損毀，今已填封。

上　合一堂旁邊的「祝齡樓」供牧師居住，與教堂同期興建，但沒有列入評級名單。

下　羅便臣道的倫敦傳道會大樓已出售，成為住宅大廈的會所。

史建築）、英華女學校（校內的前幼稚園校舍是三級歷史建築）和倫敦傳道會大樓（二級歷史建築）。雅麗氏、何妙齡和那打素三間醫院於 1954 年合併，1990 年代遷出，舊址售予發展商興建豪宅，毗鄰的倫敦傳道會大樓也一併售出，用作住宅會所。✞

天主教在中環的歷史足印

天主教會很早便在澳門立足，直至1841年1月英國佔領香港島後，才與其他教會到來開展傳教事業。教廷在香港成立宗座監牧區，直屬傳信部，脱離澳門教區。1842年傳信部派遣駐澳門代表若瑟神父（Fr. Theodore Joset）來港出任宗座監牧，建立天主教會。

✠ 威靈頓街天主堂和聖若瑟堂

香港第一座天主堂位於中環威靈頓街與砵甸乍街交界，1842年6月7日奠基，教堂尚未落成，瑞士籍的若瑟神父就在同年8月5日染病與世長辭了，年僅38歲。他服務香港只有一年，下葬灣仔的天主教墳場，其後被移至教堂地下安葬。新堂於1843年6月11日祝聖，名為「聖母無原罪堂」。

其後本地天主教徒不斷增加，1855年出任宗座監牧的盎神父（Fr. Ambrosi Luigi）認為有需要擴建教堂。幾經艱苦籌得足夠款項動工，1859年10月19日工程快完成之際，卻遭受祝融之災，教堂盡毀。大

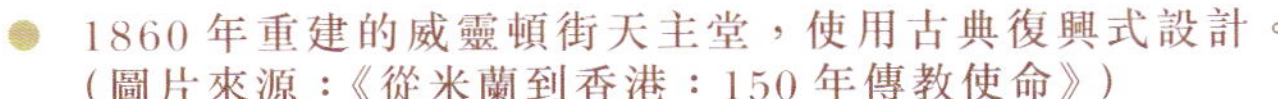

1860年重建的威靈頓街天主堂，使用古典復興式設計。
（圖片來源：《從米蘭到香港：150年傳教使命》）

上　中環聖若瑟堂在 1968 年重建，外貌像一艘船，比喻挪亞方舟。

下　聖若瑟堂內外均見墨西哥天主教藝術家鮑博的作品

火引發社會上廣泛同情，紛紛捐款給教會重建。1860 年 3 月，一座雙塔式教堂矗立在威靈頓街上，可容納約一千人。

意大利米蘭外方傳教會的高雷門神父（Fr. Timoleone Raimondi）接任宗座監牧後，為照顧信奉天主教的愛爾蘭和蘇格蘭軍人，以及來港居住的葡籍人士，在花園道興建聖若瑟堂，1872 年祝聖，以英語為彌撒語言。但兩年後遭遇特大颱風摧毀，第二代教堂迅即重建，沿用第一代的哥德復興式風格。今天的聖約瑟堂是 1968 年再重建的第三代，外形像船隻（比喻教會），「船頭」有高聳的十字架「桅杆」，「船尾」有聖若瑟的浮雕，配上波浪形的線條，像是一位在船上勞動的工匠。

✠ 堅道天主堂

1874 年 11 月，香港宗座監牧區晉升為宗座代牧區，牧養範圍除了英治港島和九龍外，還包括仍屬清政府管轄的新安、歸善（今惠陽）和海豐等縣。高雷門神父就任第一任宗座代牧，同年祝聖為主教，人稱「高主教」。他見威靈頓街天主堂日漸陳舊，周圍的華人店舖愈來愈多，附近也有妓院，因此計劃搬家。其後在半山堅道購得一幅土地建堂，經過一連串籌款活動，聖堂於 1883 年 12 月 8 日奠基，1888 年 12 月 8 日啟用，名為「聖母無原罪總堂」。

聖母無原罪總堂耗資 15,400 美元，由倫敦建築師樓 Crawley, Hanson and Co. 設計，採用哥德復興式風格，有尖塔、尖拱窗和飛扶壁等特色。立面頂端刻了一個美術圖案，由 AM 兩個字母組成，是向聖母致敬的「萬福瑪利亞」（Ave Maria）標誌，並加了代表榮耀的皇冠。立面有三扇長窗，代表「聖三一」，中央還有一個細小的玫瑰窗。

其後在正門加建門廊，上方站立一尊手握十字架的耶穌像，表達耶穌被釘十字架後復活。教堂對出有一座高達 150 呎的鐘樓，1904 年建成，可惜未能留到今天。戰後教育需求甚殷，教區於 1947 年拆卸鐘樓和附近的建築，以騰出地方供天主教南華中學使用。其後南華中學遷往深水埗，1958 年在該處成立高主教書院。

聖母無原罪主教座堂前方曾有獨立式鐘樓，1947 年已經拆卸。（圖片提供：天主教香港教區檔案處）

聖母無原罪主教座堂呈拉丁十字型設計，因地形限制，左右兩翼並不對稱。

✠ 教堂內部設計

聖母無原罪總堂平面為拉丁十字型，因受地理環境限制，十字的雙臂（左、右耳堂）並不對等。踏入正門，首先見到一座來自威靈頓街舊天主堂的石製洗禮盆。往前走是中殿（信友席），樓上有唱經樓，擺放了一座大型的管風琴。

教堂可容納一千多人，十字交叉點之上有一座方形塔樓，透過四周窗戶引入光線。室內有三十八條花崗石柱支撐。1941 年 12 月 11 日午夜二時，日軍從九龍發射一枚炮彈，擊中後方一根石柱，幸好沒有影響結構。淪陷時期，梵蒂岡與日本並非交戰國，因此教堂沒有被佔領，仍

上　主教座堂採用哥德復興式風格，室外和室內都見尖拱。

中　靠近聖體小堂側的四扇彩繪玻璃窗於 1923 年在法國製作，描繪耶穌和聖人。

下　靠近亡者小堂側的四扇彩繪玻璃窗於 1984 年在意大利訂製，以四位福音書作者為主題。

可舉行彌撒。

香港宗座代牧區於 1946 年晉升為聖統制的主教區，恩理覺（Enrico Valtorta）出任教區首位主教，教堂命名為「聖母無原罪主教座堂」。1952 年教堂進行大規模修葺，在方形塔樓之上加建一座尖塔，令高度增至 39.6 米。

教堂末端是半圓形後殿，主祭台曾置於此，過去是神父舉行彌撒的地方。兩旁有美麗的彩繪玻璃窗，向山的四扇窗由法國圖盧茲的玻璃畫家 Louis Gesta 於 1923 年製作，分別描繪耶穌與瑪達肋納、方濟會士聖巴斯卦、聖女加大利納，以及耶穌與若望；向海的四扇窗在二戰時受破壞，現今所見的是教友於 1984 年在意大利維羅納訂製，描繪撰寫福音書的瑪竇（馬太）、馬爾谷（馬可）、路加和若望（約翰）。

✠ 後殿迴廊的小堂

半圓形後殿的背後有一條迴廊，串連四座小堂，分別為聖體小堂（前稱聖心小堂）、福傳小堂（前稱聖安多尼小堂）、中華殉道聖人小堂（前稱苦難小堂）及亡者小堂（前稱聖若瑟小堂），現仍保留有關聖像。除了福傳小堂，其他三座小堂的雲石祭台均來自威靈頓街舊天主堂，富有巴洛克味道。

聖體小堂可見舊式的祭台、欄杆和階磚，上面擺放耶穌聖心像，下方置有聖體櫃，經常可見教友在此朝拜聖體。

福傳小堂紀念已逝的教區主教、司鐸和修女，2007 年加裝彩繪玻璃窗，左邊有若瑟神父、高主教、梁子馨神父和譚加辣修女；右邊有恩理覺主教、徐誠斌主教、胡振中樞機和力理得神父。

中華殉道聖人小堂紀念在中國大陸為信仰犧牲的殉道者或先賢，地下存放十六位中華聖人及真福的聖髑。2001 年加裝彩繪玻璃窗，左邊有利瑪竇神父、徐光啟、真福雷永明神父、真福亞松大修女、田耕莘樞機和聖福若瑟神父；右邊有聖趙榮神父、聖徐德新主教、聖張大鵬傳道

上　聖體小堂原稱聖心小堂，現今擺放聖體櫃。

中　福傳小堂原稱聖安多尼小堂，現在紀念本地已故的主教、神父和修女。

下左　中華殉道聖人小堂原稱苦難小堂，現在紀念在內地為信仰而犧牲的聖人。

下右　亡者小堂原稱聖若瑟小堂，祭台有意大利薩伏依王室徽號，現在紀念已逝的人。

員、聖吳國盛、聖郭西德神父、聖嘉納修女和聖王亞納。

亡者小堂紀念已逝之人，祭台頂端有意大利薩伏依王朝（House of Savoy）的徽號，由伊曼紐爾二世（Vittorio Emanuele II）於 1860 年送給香港宗座監牧區。翌年，伊曼紐爾二世加冕為意大利統一後的第一位國王，直至 1878 年逝世。

教堂最末端是祭衣房，神職人員在此更換祭衣和存放禮儀用具。門外地面可見香港天主教開拓者若瑟神父的墓碑，上面的拉丁文記載了他的生平。現今神父從祭衣房步出，必先經過這塊墓碑，有承先啟後的意義。

✠「梵二」禮儀革新

為配合梵蒂岡第二次大公會議的禮儀革新要求，1969 年教堂再大事裝修。主祭台由半圓形後殿移至中央尖塔下方，旁邊放置讀經台和主教座椅。四周環繞八尊聖像，包括兩位使徒（聖伯多祿和聖保祿）、三位主教（聖奧斯定、聖達修和聖安博）、兩位教宗（聖額我略一世和聖庇護十世）和一位法國國王（聖路易九世）。以前的聖像是彩色的，後來塗上白色，以免分散信眾的注意力。

祭衣房門外有香港首位宗座監牧若瑟神父之墓碑，現今神父步出祭衣房會踏上墓碑，寓意繼承若瑟神父的工作。

半圓形後殿的壁龕原本安放一尊聖母無原罪的木雕像，由公教學生於 1954 年捐贈，聖母像的冠冕則由天主教婦女敬送。由於禮儀革新要求將教堂中央的聖像移走，改放十架苦像，

● 聖母無原罪主教座堂的十字交叉點設有祭台和主教座椅，四面放有八尊聖像。

經過多番爭論，這座聖母像終在 2008 年移至福傳小堂，壁龕亦填封了。祭台中央現懸掛巨大的十架苦像。正面描繪耶穌受難，十字架的兩臂有聖母瑪利亞和若望（約翰）的頭像。背面是耶穌與十二門徒，頂端繪上聖神的火舌，下端是兩位中國殉道聖人（趙榮神父和袁在德神父）。

聖母無原罪主教座堂已被評定為一級歷史建築，2002 年進行過翻修，翌年獲得聯合國教科文組織頒發「亞太區文化遺產保護獎」的榮譽獎，以表揚保育工作出色。

✠ 嘉諾撒仁愛女修會小堂

聖母無原罪主教座堂隔鄰是嘉諾撒仁愛女修會的總部，自 1860 年 4 月意大利修女來港便札根於此，從未搬遷。該處原是葡籍教友李安納度・卡斯特羅（Leonardo d'Almada e Castro）擁有的土地，及後送給嘉諾撒修會作為會址，是修會的大恩人。

修女一到埗就開始辦學，這得力於港督寶靈的女兒 Emily

上　港督寶靈的女兒 Emily Bowring 是首位在港加入嘉諾撒仁愛女修會的修女，並協助修會創辦女校。

中　嘉諾撒修會於 1907 年在修院興建第二代小堂，面積頗大，供修女和有關人士祈禱。（圖片提供：嘉諾撒仁愛女修會）

下　嘉諾撒修院經歷重建，現在只保存早年興建的小堂，四周被建築物包圍。

小堂四周設有遊廊，入口處有兩層高的巨柱，左右均有鐘樓。

Bowring。Emily是首位在港加入嘉諾撒修會的修女，1860年5月開辦「意大利修院學校」（嘉諾撒聖心書院的前身），並出任校長。修會其他工作還有開設孤兒院，接收被人遺棄的嬰兒。1861年在修院範圍興建小堂，專供修女、學生和孤兒祈禱。

1907年嘉諾撒修會小堂重建，稱為「痛苦聖母小堂」。由於小堂背後曾是嘉諾撒聖心書院所在，所以一般人慣稱該堂為「聖心小堂」，或「嘉諾撒仁愛女修會聖堂」。

這小堂由英籍建築師和意大利籍的嘉諾撒修女Melania Marin共同設計，本地承建商A Vannini建造，建築風格糅合古典復興和新巴洛克。平面為巴西利卡式，末端向外凸出部分是半圓形聖所。立面左右各有一座鐘樓，中間有六支科林斯式巨柱貫穿兩層，高處有圓形的玫瑰窗。聖堂周邊加建了寬闊的列柱遊廊，配合香港的亞熱帶氣候。左右兩側的上

嘉諾撒修院小堂頂部有一個玫瑰窗，共有八塊彩繪花瓣，分別寫上八位聖人名字，中央的IHS代表耶穌。

下層各開六個大窗，增加空氣流通。

玫瑰窗內有八塊花瓣，飾以石榴（有散播種子和再生的意思），中央寫上IHS字母，是希臘文Iesus Hagiator Soter的簡寫，意謂「耶穌，人類的救主」。花瓣上各有一位使徒名字，分別是聖伯多祿、聖保祿、聖路加、聖馬爾谷、聖若望、聖瑪竇、聖安德肋和聖雅各伯，在陽光照射下展現出豐富多采的畫面。

聖堂的祭台佈置以往很華麗，前方設有聖體欄分隔信眾。但梵蒂岡第二次大公會議後，舊祭台和聖體欄均被拆去，在靠近信眾的位置設立新的祭台。中央放置耶穌受難像，以凸顯耶穌基督的中心地位，背壁襯以金黃色和紅色的馬賽克，由墨西哥的天主教藝術家鮑博（Francisco Borboa）設計。

經歷悠悠歲月，聖堂難免破損。1988年8月14日（星期日），部分天花因白蟻蛀蝕而突然塌下，幸好當時聖堂內空無一人。修會其後按建築師的建議，在屋頂換上現代物料，以免再生意外，但失去了往日的舊貌。

嘉諾撒仁愛女修會總部曾設有修院、孤兒院、老人院、醫院、學校和聖堂，現今只保留修院、嘉諾撒聖心學校和小堂。嘉諾撒聖心書院已於1981年遷往薄扶林，舊校舍拆卸，重建成嘉兆臺，只遺下一幅舊石牆和石級。1905年創辦的嘉諾撒聖心商科學校，因收生不足已於2014

上　小堂聖所曾有華麗祭台，前方設有欄杆分隔信友席。（圖片提供：嘉諾撒仁愛女修會）。

下　「梵二」後，小堂除去聖所裝飾，中央改放耶穌十架苦像，並拆去欄杆。

年停辦。

修院本身亦經歷重建，唯有小堂保持 1907 年的面貌，獲古諮會評為一級歷史建築。它見證了嘉諾撒修會在港的百多年發展。由於聖堂平時並不對外開放，行經此處的人大都不知道裏面隱藏了一座古老又美麗的聖堂。✞

三巴會以西營盤為傳教基地

十九世紀中期，香港出現三個來自歐洲的信義宗差會，分別是巴色傳道會（Basel Missionary Society）、巴勉傳道會（Barmen Missionary Society）和巴陵傳道會（Berlin Missionary Society），人稱「三巴會」，都是響應普魯士牧師郭士立（Rev. Karl F. A. Gutzlaff，又名郭實獵）呼籲，派遣宣教士來華傳道的差會。巴色會和巴勉會一直以香港為基地，演變為今天的崇真會和禮賢會。巴陵會曾在香港服務，第一次世界大戰後轉到內地發展，成為中華信義會一員。

✠ 中國信義宗教會之父

郭士立是路德宗宣教士，1826 年獲荷蘭傳道會派往巴達維亞（今雅加達）傳道，同時學習中文和中國方言。之後脱離荷蘭傳道會，自行在中國沿海城市遊歷和佈道。為了入鄉隨俗，他蓄假辮，穿華服，以華語跟華人交往。1833 年在廣州出版《東西洋考每月統紀傳》，是西方傳教士在中國境內創辦的第一份中文報刊，讓華人了解西方宗教和科學。翌年又出版《中國沿海三次遊行記》，開啟西歐各國對中國的認知，亦令到歐洲各地教會成立「中國傳道會」來華傳教。

鴉片戰爭期間，郭士立先後出任英國駐華商務監督義律（Charles Elliot）及其接任人砵甸乍（Henry Pottinger）的翻譯員。1842 年中英談判《南京條約》時，他是英方翻譯之一。英國管治香港後，郭士立出任第二任撫華道。中環有一條短小橫街叫「吉士笠街」（Gutzlaff Street），便是以他命名。

郭士立於 1844 年創辦福漢會，培訓華人在內地傳道。但許多人只為金錢而來。因此他向歐洲德語系信義宗的巴色會、巴勉會和巴陵會求助，派宣教士到來學習中國方言和文字，在廣府人、客家人和潮州人地

郭士立被譽為「中國信義宗教會之父」，在港逝世後長眠跑馬地香港墳場。

區傳教。

1851 年郭士立在香港病逝，享年四十八歲，下葬跑馬地香港墳場。其石棺寫了一段碑文介紹他：「郭士立牧師德國普魯士人（1803 – 1851）。一八三一年開始中國沿海遊行佈道，譽為近代中國首位使徒。一八四三年蒞港任撫華道，翌年創辦福漢會，遂獲德瑞兩國巴勉、巴色、巴陵三差會遣派教士東來協助，分佈廣府、客家、潮州區傳教，其後致有禮賢會、崇真會、信義會成立，郭牧師堪稱中國信義宗教會之父。」由此可見他在基督教會地位崇高。然而他作為宣教士，卻幫英國人翻譯、佔領中國土地，也受到後世非議。

✠ 巴色會以客家人為對象

總部設於瑞士巴塞爾（Basel）的巴色會，1846 年派遣瑞典人韓山明（Theodore Hamberg）、德國人黎力基（Rudolph Lechler）兩位牧師來華，翌年 3 月 19 日抵達香港。他們分別學習客家語和潮州語，以香港為基地到華南地區傳教，是第一位專向客家人傳教的基督教傳教士。

韓山明牧師於 1851 年在上環街市附近租賃浸信會兩間舊屋成立客

語禮拜堂，是香港客語教會之始。翌年轉到西營盤高街建堂，當時西營盤是新開闢的社區，居民主要是逃避太平天國之亂而來港的客家人。韓山明致力客家研究，編纂了一本《客音字彙》，可惜工作了七年便逝世，終年三十五歲，長眠香港墳場。

巴色會的韓山明牧師來華七年後去世，葬於香港墳場。

之後黎力基接掌巴色會事務，改習客家語傳道。1861 年在高街與西邊街交界興建「四角樓」（Mission House）作為教會辦事處和居所，翌年其夫人在毗鄰創辦巴色義學，以客家語教育女童，是香港首間客語女校。1867 年教友集資購買第三街土地興建力基樓，附有巴色會堂，與四角樓和巴色義學相連。

第二個堂址在筲箕灣

巴色會牧師發覺筲箕灣和阿公岩有不少客籍的打石工人居住，便乘船前往該處向他們佈道。居民信教後要長途跋涉到西營盤的巴色會堂參加崇拜，殊不方便，巴色會於是向港府申請在筲箕灣山丘興建禮拜堂，1862 年落成，名「巴色屋」。筲箕灣東大街建成後，連接東大街與巴色屋的斜路命名為「巴色道」（Basel Road）。

五四運動後，內地知識份子掀起反基督教浪潮，教會推行本色化運動回應。1924 年廣東省巴色會各區代表決定將巴色會改名「中華基督教崇真會」，取其「崇拜真神，崇尚真道」之意，香港區會實現自理。隨着 1949 年內地政局改變，中華基督教崇真會香港區會與內地崇真總會脱離關係，註冊為獨立法團，1956 年定名為「基督教香港崇真會」。

筲箕灣的巴色屋改稱「香港崇真會筲箕灣堂」，傳教士亦渡海到對

巴色會已改名崇真會，但筲箕灣崇真堂旁邊仍留下「巴色道」之名。

岸的鯉魚門向居民傳播福音。筲箕灣堂經歷戰前和戰後兩次重建，今天仍屹立在巴色道，乃 1984 年重建，旁邊為筲箕灣崇真學校。

西營盤救恩堂

西營盤的巴色會堂自立後，巴色會將西營盤所有房屋贈予香港崇真會。高街的四角樓拆卸，1931 年興建新堂，翌年落成，名為「基督教崇真會救恩堂」。該堂由巴馬丹拿建築師樓（時稱公和洋行）設計，融合多種風格，有哥德式的尖拱、尖塔和扶壁，部分門口採用闊大的圓拱。北面有一座巍峨鐘樓，四周襯以都鐸式小角樓。南面是教堂正門所在，有花崗岩大石階連接高街。外牆飾以當時流行的上海批盪，加了橫線條，模仿鋪砌花崗石。

日軍佔領香港時，原打算徵用救恩堂為騎兵的駐紮地，但崇真會有德國背景，經交涉後取消，日軍改用英皇書院校舍作為飼養軍用騾馬的馬廄。救恩堂逃過一劫，沒有受到破壞，堂內的硬木長椅保留至今，教堂已被評為一級歷史建築。

戰後因有大量失學兒童，1946 年崇真會在第三街巴色會堂舊址興辦小學和幼稚園，名為「救恩學校」。1950 年再辦中學，名為「救恩

上　1932 年落成崇真會救恩堂，匯合不同建築風格，是西營盤的地標。

中　救恩堂的正門分三道門，左右有樓梯連接各層。

下　聖堂天花呈圓拱形，盡頭的聖所和兩側牆壁嵌上彩色玻璃。

書院」，之後在巴色義學舊址興建新校舍。救恩書院已於 1991 年遷往大埔富善邨，舊校由崇真會與發展商合作重建，成為小學與住宅合一的大廈。

✠ 禮賢會香港堂

1847 年與巴色會牧師韓山明和黎力基一同乘船來港的，還有巴勉會兩位牧師柯士德（Heinrich Koster）和葉納清（Ferdinand Genahr）。他們先學習廣府語，後來與郭士立意見相左，自行進入珠江三角洲一帶傳道。七個月後柯士德病逝，由羅存德牧師（Rev. Wilhelm Lobscheid）接替工作。

巴勉會總部設於德國萊茵省的巴勉城（Barmen），又以「萊茵」（Rhein）一地稱為禮賢會（Rhenish Missionary Society）。初時傳教士在廣東向廣府人傳道，後來認為有需要為進出內地的傳教士提供暫居和養病之所，1899 年便購入西營盤般含道 82 至 84 號兩幢樓房（後稱禮賢樓），同年 9 月 10 日舉行主日崇拜，是為禮賢會在港立堂之始。

二十紀初信徒日增，遂有在港興建教堂的計劃，禮賢會第一位華人傳道王元深與兩名牧師兒子（王煜初與王謙如）發起籌款。1912 年港府以五百元將禮賢樓隔鄰地段（般含道 86 號和 86 號 A）售予禮賢會興建福音堂和書院，兩年後一座宏偉的教堂落成，名為「禮賢會香港堂」，由德國建築師克架及羅沙（Harker & Rosser）設計，兼具哥德復興式和新巴洛克風格。建堂費用為 23,500 元，由香港堂和德國禮賢母會分擔。門廊兩側牆上嵌上中文和德文石匾，說明禮賢會書院與福音堂的建立年份和建築師名字。

王元深與兩名兒子連同十九名孫兒，組成一個龐大的基督教家族。禮賢會香港堂落成時，王元深、王煜初與王謙如已先後逝世，王家第三代的族人聯名送了一塊寫上「光被四表」的匾額給教會，意謂聖德善行遠播四方。牌匾下款寫了王煜初的六名兒子（寵勳、寵光、寵佑、寵惠、寵慶、寵益）及王謙如的三名兒子（世恩、嘉善和嘉祥）名字，王寵惠曾任中華民國外交總長和司法部部長，王寵益是愛丁堡大學醫學博士，後來成為香港大學首位華人教授。

禮賢會香港堂於 1914 年 8 月 1 日舉行奉獻禮，但翌日即爆發第一次世界大戰。8 月 4 日英國向德國宣戰，港府充公德國僑民和傳教士的資產，逼令他們離港。香港禮賢會的會務由傳道人王愛棠處理，由於失去禮賢母會資助，香港堂一切經費要自籌自給，從此走向自理之途。

第一次世界大戰結束，德國戰敗。港府將禮賢會香港堂和其他物業交予倫敦傳道會的皮堯士牧師（Rev. Thomas R. Pearce）監護，般含道 82 號借給英華書院復校。直至 1927 年，有關物業交還禮賢母會，由葉納清牧師的兒子葉道勝牧師（Rev. Immanuel Genahr）來港接收。

1941 年底香港淪陷，由於禮賢會有德國背景，因此可以如常舉行主日崇拜，但學校無法繼續運作。中國內地政權轉變後，禮賢會香港區會於 1951 年註冊成為法團，與內地的中華禮賢會分道揚鑣，四年後禮

禮賢會香港堂始建於 1914 年，混合哥德和古典復興風格，2007 年重修。

上 王煜初和王謙如兩兄弟牧師的兒子，1914 年聯名送贈「光被四表」匾額祝賀禮賢會香港堂落成。

下 禮賢會香港堂室內曾作頗多改動，如今只有聖堂前座獲得評級。

賢母會將香港教會業權交予香港區會自理。

位於般含道的禮賢會香港堂，經歷多次修葺，內外面貌有不少變動。聖堂以大拱券分隔聖所，聖所原有三扇窗，現已密封，中央置有十字架。1964 年進行大裝修時，四周的木窗改為鋼窗，配上磨砂玻璃。1979 年擴建，在教堂背後加建四層高的中座。2006 年再將後座的舊校舍和宿舍拆卸，興建「來恩樓」，下層用作禮賢會幼稚園。前座現被古諮會評為三級歷史建築。

✠ 小巴陵和大巴陵

巴陵中國傳道會（又稱小巴陵）於 1851 年派遣那文牧師（Rev. Robert Neumann，又譯萬羅伯）與太太來華。郭士立之前在灣仔摩理臣山下租屋設立育嬰堂，收養遺棄女嬰。那文的太太 Hermandine Neumann 是巴陵婦女會成員，她借用摩理臣山上的馬禮遜學堂舊址成立巴陵育嬰堂（Berlin Foundling Home for Girls），又名「伯士大嬰堂」（Bethesda Foundling Home），繼承收養棄嬰工作。

馬禮遜學堂舊址出售後，巴陵婦女會獲政府撥出西營盤高街地段重建伯士大嬰堂，1861 年啟用。九年後歐洲發生普法戰爭，小巴陵缺乏德國巴陵會（又稱大巴陵）經濟支持，1872 年解散，併入禮賢會，至 1881 年分家。之後德國巴陵會派宣教士到來，接手小巴陵的傳教工作。

小巴陵併入禮賢會時，巴陵婦女會邀請禮賢會傳道人王煜初擔任伯士大嬰堂的教師，由於他表現出色，被按立為牧師。1890 年王煜初寫信給德國教會，陳述中國盲人女童的悲慘遭遇，許多德國婦女受其感召，捐款給喜迪堪會（Hildesheimer），1901 年在土瓜灣建了一所可容納數十名失明女童的瞽目院，是西環心光盲人院的分院。

隨着收容失明女童人數增多，心光盲人院於 1913 年在薄扶林設立新院舍。二戰期間，薄扶林院舍被收回，院內的失明女童遷往上水。1948 年在世界信義宗協助下，心光盲人院重回薄扶林，1955 年和 1962 年建成現今的院舍和學校。

高街的伯士大嬰堂在 1910 年改名「巴陵女書院」，第一次世界大戰爆發，有德國背景的書院被港府沒收，約 1919 年改作已婚警察宿舍，1928 年擴建為警署，又名「八號差館」。幾年後拆卸重建，1935 年落成，使用至 2006 年空置。由於被評為三級歷史建築，獲當局保留，2011 年改為戴麟趾康復中心。

巴陵中國傳道會早年向客家人和廣府人傳教，第一次世界大戰爆發後轉往內地，1920 年與其他歐美信義宗差會組成「中華信義會」，並

上　巴陵會牧師王煜初曾寫信要求德國教會捐款幫助盲人，其後在香港成立心光盲人院，現今院址在薄扶林。

下　巴陵會在高街興建伯士大嬰堂，後來改為巴陵女書院，一戰期間被港府沒收。其後原址興建八號差館，現為戴麟趾康復中心。

接掌由四間歐美差會在湖北灄口創辦的「信義神學院」，培訓華人宣教士。國共內戰期間（1948 年），信義神學院師生和信義宗宣教士南遷香港，1950 年在沙田銅鑼灣村建立第一間堂會「銅鑼灣堂」，之後陸續在其他地區建堂。1954 年各堂會代表在沙田道風山舉行會議，正式成立「基督教香港信義會」，合力傳揚福音。✞

慈幼會在西區和東區扎根

米蘭外方傳教會的高雷門神父（Fr. Timoleone Raimondi，後稱高主教）於 1863 年在中環威靈頓街創立養正院，教導曾犯事的男童學習木工、縫紉和造鞋等謀生技能，令他們重回正軌。但因場地所限，當時只招收了十二名學徒。

✠ 西環養正院

一年後（1864 年），港督羅便臣爵士（Sir Hercules Robinson）到訪養正院，盛讚該校工作，隨即撥出西營盤炮台街（今第三街的一段）土地給教會興建西環養正院（West Point Reformatory），收容出獄少年犯及露宿街頭的孤兒，讓他們學習一技之長。這是當時香港唯一的感化院，也是香港最早出現的工藝學校，開啟職業教育的先河。

聖類斯中、小學以「青年主保」聖類斯 · 公撒格為主保聖人

養正院內設有小堂，以「青年主保」聖類斯 · 公撒格（St. Aloysius Gonzaga）為主保聖人，開放給教徒使用，成為天主教在西區第一個傳教點。

隨着香港學生人數增加，高主教邀請法國「基督學校修士會」（又名喇沙會）的修士來港辦學。他們於 1875 年抵埗，接辦威靈頓街的救主書院和西環養正院。前者易名「聖若瑟書院」，後者易名「西環兒童教養院」。及後喇沙會資源緊絀，未能兼顧西環兒童教養院，1893 年交回宗座代牧區，由米蘭外方傳教會的神父打理，改名「聖類斯兒童工藝院」，教育方針轉為培訓青少年學習工藝。

由於教養院的小堂漸漸不足以容納眾多信徒，香港代牧區於 1879 年在高街近薄扶林道建立聖心小堂（今明愛凌月仙幼稚園所在地），但不久便關閉，因為一位天主教徒為了還願而斥資在般含道和西邊街交界（今英皇書院位置）興建聖安多尼堂，1892 年落成，取代細小的聖心小堂。後者轉給嘉諾撒仁愛女修會，改作聖心學校。

✠ 聖類斯中學

1918 年香港受強烈地震影響，許多建築物包括第一代聖安多尼堂都嚴重損毀。1922 年政府收回堂址，另撥跑馬地黃泥涌道地段給教會興建聖瑪加利大堂。教會回到第三街的聖類斯兒童工藝院的小堂奉行彌撒。

聖類斯兒童工藝院在 1921 年改由美國天主教外方傳教會（又名瑪利諾外方傳教會）管理，但維持了五年便因人力和財力不足而放棄。1927 年交給剛抵港的意大利鮑思高慈幼會（Salesians of Don Bosco）接

聖類斯工藝學院於 1936 年擴建，改為文化中學，名為「聖類斯中學」。

聖類斯中學由聖類斯兒童工藝院演變而來，學校的小堂功能如同昔日工藝院的小堂。

手，易名「聖類斯工藝學院」。當時約有四十名男童，除了接受木工、裁縫和造鞋訓練，還學習印刷、釘裝和機械工程等，以應付社會需求。

華民政務司夏理德（Edwin Richard Hallifax）於 1933 年造訪聖類斯工藝學院，建議在香港仔興辦一所類似學校，收容和教導更多貧苦兒童。在一班熱心公益的華人支持下，1935 年在香港仔大成紙局舊址興建了香港仔兒童工藝院（後稱香港仔工業學校），交由鮑思高慈幼會管理，並將聖類斯工藝學院部分工藝科目轉至香港仔的新校，只留下印刷和釘裝部門，1936 年改為文法學校，名「聖類斯中學」。

聖類斯中學連同旁邊的小學校舍，現由四部分組成：東翼、中翼、西翼和北翼，以 1936 年建成的東翼最悠久。該校歷史可追溯至 1863 的養正院年代，今以 1927 年鮑思高慈幼會接辦為創校年份。

中學正門位處第三街和廣豐里交界，對上三層均有半月型露台，屋頂呈幾何形狀，帶有裝飾藝術風格（Art Deco），已被評為二級歷史建築。踏入正門，旁邊是學校小堂所在，隸屬聖安多尼堂區。小堂祭台後方擺放聖體櫃，兩旁安放多具聖髑，包括慈幼會會祖聖若望・鮑思高（St John Bosco）神父及聖類斯・公撒格等。

✠ 第二代聖安多尼堂

在慈幼會努力耕耘下，區內教友日漸增加，聖類斯兒童工藝院的小堂不能滿足需求，慈幼會決定在聖類斯中學毗鄰斜坡興建第二代的聖安多尼堂，1933 年舉行奠基禮。但當時經濟不景，籌得的款項僅足以興建地基和薄扶林道的護土牆。接着太平洋戰爭爆發，香港淪陷，工程不得不擱置。

戰後生活逐步恢復，慈幼會神父親往美國勸捐建堂，獲款十餘萬元，1952 年再為聖安多尼堂舉行奠基禮。翌年，一座龐大的教堂在薄扶林道落成，由白英奇主教（Bishop Lorenzo Bianchi）祝聖。該堂由 A. H. Basto 建築師樓設計，屬折衷主義，有現代主義和哥德復興式的影子，頂端設有鐘樓。

聖安多尼堂面向香港大學本部大樓，正門位於鐘樓下方，平時不開啟，教友出入要經由隔鄰的聖安多尼學校。教堂內部空間宏大，沒有支柱，天花呈拱形。昔日祭台緊貼聖所牆壁，中央置有聖安多尼像，以高大的圓拱分隔，兩旁各有一個吹喇叭的天使像。禮儀革新後，中央改懸十架苦像，另設一張祭台用作舉行彌撒。聖所兩旁的壁龕擺放聖母進教之佑像和耶穌聖心像，前者常見於慈幼會的聖堂，造型為頭戴皇冠，左

聖安多尼堂（中）左右兩旁有聖安多尼會院（左）和聖安多尼學校（右），與第三街的聖類斯小、中學連成一體。

上　聖安多尼堂室內寬敞，沒有支柱，會眾視線不受阻隔。

下　聖安多尼是十二世紀聖人，相傳小耶穌在他熱烈祈求下顯現，因此他的雕像常見手抱小耶穌。

手抱嬰孩耶穌，右手拿權杖。原放在舊祭台中央的聖安多尼像改置側祭台，1996 年加奉聖安多尼聖髑於聖像前。

聖安多尼堂的歷史可追溯至 1892 年的第一代聖安多尼堂，是區內最悠久的天主堂，被評為二級歷史建築。教堂兩旁先後興建聖安多尼學校（1963 年）和聖安多尼會院（1966 年），均被評為三級歷史建築。聖安多尼學校緊接第三街的聖類斯小學和中學，組成慈幼會在西區的龐大建築群。

✠ 慈幼會修院

慈幼會會士於 1927 年來港服務，首先接管聖類斯工藝學院，並將澳門的神學院遷至香港，設於聖類斯工藝學院內。三年後（1930 年），慈幼會買下筲箕灣香島道（今柴灣道）兩座別墅，給神學院學生遷入，並增設哲學院和初學院，成立「慈幼會修院」，專門培育慈幼會會士。1938 年拆去其中一座別墅，用作擴建修院。

慈幼會修院主樓平面呈 L 型，交角位置為正門所在，門廊之上有慈幼會會祖聖鮑思高與學生聖道明・沙維豪（San Domenico Savio）的雕像，牆壁刻了「慈幼會」、「Salesian Missionary House」、「1939」等字。北面向海，立面有寬闊遊廊，上層的窗戶以紅磚襯托，這部分於 1932 年建成，帶有新古典主義色彩。

與主樓相隔不遠的房屋是昔日的舊別墅，建於 1923 至 1927 年，曾作為修士宿舍，1986 年改建為靜修院。主樓和房舍均評為二級歷史建築。

慈幼會早年在今天的柴灣道買入別墅，1932 至 1939 年興建修院主樓。

上　慈幼會修院樓高三層，地下闢有拱券長廊，上層的窗門飾以紅磚。

下　慈幼會修院現在主要給神父和修士靜修及安享晚年

1941 年底太平洋戰爭爆發，守軍徵用慈幼會修院為野戰醫院和前線急救站，有醫護人員駐守。12 月 19 日上午，日軍第 229 聯隊步兵闖入，殺害院內傷兵和醫護人員，共有十六人死亡，兩人佯死而僥倖生還，包括一名義勇軍野戰救傷隊，戰後他們成為指控日軍屠殺戰俘的證人。

日佔時期，慈幼會有不少會士被送入拘留營，只有少數人獲得自由。那時的慈幼會修院變成孤兒院，收留流落街頭的孤兒，其後發展為學校。

✠ 筲箕灣的天主教設施

1951 年慈幼會在修院旁興建獨立校舍，開辦小學和初中，名為「慈幼學校」，是筲箕灣最早提供中學教育的學校，五年後因應教育需求增辦高中。其後獲胡文虎妻陳金枝女士捐助在小學旁加建中學部校舍，1960 年初由港督柏立基爵士（Sir Robert Black）主持開幕。

慈幼學校在 1979 年設有獨立小堂，名為「聖母升天小堂」，1997 年改為「慈幼彌撒中心」，隸屬聖十字架堂區。千禧年後重新設計祭台，圖案有「天」、「人」二字，表達天人交織的理念。神父在祭台舉行感

上　慈幼會於 1951 年在修院旁邊開辦慈幼學校，其後發展高中。
下　慈幼學校內的慈幼彌撒中心，附屬於筲箕灣聖十字架堂區。

1961 年重建的聖十字架堂，服務範圍涵蓋筲箕灣和太古城。

恩祭，信眾領受基督聖體聖血，正是天人合一的體現。

筲箕灣曾有三間歷史悠久的天主教學校，嘉諾撒修院學校於 1891 年成立，辦學近百年之後，於 1984 年遷往鰂魚涌海澤街，改名「嘉諾撒書院」，舊址留下「教堂街」和「教堂里」之名。第二間是慈幼學校（1951 年），另一間是聖十字架學校（1953 年），位於聖十字架堂毗鄰，已於 1991 年結束，改為教友培育中心。

位於西灣河山坡的聖十字架堂早於 1914 年已建成，是筲箕灣最早的天主堂。附近陸續有人聚居，形成「聖十字徑村」。1949 年該堂升格為堂區，由於人口激增，舊堂拆卸重建，1961 年落成，由白英奇主教祝聖。聖十字架堂經歷三次內部裝修，1998 年分別在聖洗池對出門口和祭台加裝「聖神降臨」和「最後晚餐」彩色玻璃，呼應「出死入生」的天主教觀念。✞

灣仔進教圍百年變遷

香港開埠初期，行政和商業中心在中上環，下環（今灣仔西面部分）屬於偏遠之地。港府便將下環一處山坡闢作基督教墳場和天主教墳場，給外籍教徒下葬。到了 1845 年，下環人口漸增，墳場未能擴張，先將基督教墳場遷往快活谷，1848 年再遷天主教墳場。墳場舊址發展住宅，1888 年電力公司購入該區地皮興建香港第一間發電廠，兩年後投產，其後出現日街、月街、星街和電氣街等街名。

在 1845 年，神父在天主教墳場附近建立聖方濟各小堂。之後另建兩間小屋，分別用作聖方濟各醫院和棄嬰院，教友紛紛遷入該區居住，形成「進教圍」，英文稱為 St. Francis Yard。1864 年興建正式的聖方

上　神父於 1864 年在進教圍興建聖方濟各堂，以聖方濟各・沙勿略為主保。（圖片來源：《從米蘭到香港：150 年傳教使命》）

下　聖佛蘭士街是香港少數以天主教聖人命名的街道

濟各堂，服務區內教友。教堂與聖方濟各醫院之間有一條斜路連接皇后大道東，名為「聖佛蘭士街」（St. Francis Street）。這些名稱都是紀念十六世紀第一位由歐洲來到遠東傳教的耶穌會士聖方濟各．沙勿略（St. Francis Xavier）。

✠ 聖保祿修會

當年住在灣仔的華人多是貧苦大眾，賭博和賣淫業猖獗，許多女子被賣入火坑，街上常有嬰兒被遺棄，身為法國外方傳教會神父的香港宗座代監牧科主教（Fr. Théodore A. Forcade）去信邀請法國沙爾德聖保祿女修會派修女來港服務。1848 年 9 月，四名修女乘船抵港，住在天主教墳場外的茅寮，接收神父手中的五十六名孤兒，之後開設「聖童之家」（育嬰堂）。那時她們平均每天接收五至七名棄嬰，大多是患病的女嬰，有時要付五至十五仙來換取一名棄嬰。

1851 年修女獲得海旁兩個地段（今蘭杜街和晏頓街之間），將「聖童之家」遷往該處。1854 年開始為院內孤兒和歐籍女童提供教育，又教導她們做手藝，使她們有謀生技能，這是聖保祿修會辦學的開始。

法國沙爾德聖保祿女修會第一批修女於 1848 年抵港，初期在灣仔服務。兩年後雅芳善修女逝世，下葬跑馬地天主教墳場。

及後香港發生鼠疫，聖保祿修會接收很多病人，促使修女在1898年開辦醫院，人稱「法國醫院」，一樓和三樓用作護老院和孤兒院。隨着需求增加，修會向港府申請撥地，在跑馬地黃泥涌道一處山壬興建「加爾瓦略山會院」（Le Calvaire），1907年底落成，部分孤兒遷往該處，之後再遷至銅鑼灣的修院總部。灣仔的「聖童之家」運作至1915年左右結束，所在地賣給置地公司，拆卸後興建住宅樓宇。有關聖保祿修會往後的發展，可看「跑馬地和銅鑼灣的天主堂」一節。

✠ 嘉諾撒仁愛女修會

香港第二個來港服務的女修會是嘉諾撒仁愛女修會，1860年六名意大利修女乘船抵港，隨即獲葡籍教友捐出地方，讓修女可以在中環堅道設立修院，並開展教學工作。

1869年嘉諾撒修女應宗座監牧高雷門神父（Fr. Timoleone Raimondi）要求到灣仔進教園辦學，設立中文班、英文班和葡文班，及後發展至幼稚園、小學和中學。中學部在1960年改名「嘉諾撒聖方濟各書院」，之後小學取名「嘉諾撒聖方濟各學校」。這兩間學校都以1869年為創校年份，歷史悠久，可是先後在2008年至2018年間重建，往日的舊貌已經消失。

意大利嘉諾撒仁愛女修會於1869年到灣仔服務，興辦學校，堅尼地道的嘉諾撒聖方濟各書院在重建前可見外牆繪了四位守護天使。

位於聖佛蘭士街的嘉諾撒聖方濟各學校，原址曾有盲童學校和聾童學校。

此外，嘉諾撒修女於 1870 年重開已關閉的聖方濟各醫院，一直在進教圍提供醫療服務。1929 年又在舊山頂道興建嘉諾撒醫院，戰時醫院被炸，醫護人員在戰後轉到聖方濟各醫院工作，並着手重建嘉諾撒醫院，1959 年完成。此時聖方濟各醫院正式結束歷史任務，改作「嘉諾撒盲女學校」，1968 年易名「嘉諾撒啟明學校」。其後交由明愛接手，開辦「樂勤學校」，2007 年遷往天水圍。

與此同時，嘉諾撒修會於 1974 年在星街的舊醫院房舍設立聾童學校，名為「嘉諾撒達言學校」，至 2007 年結束。修會在這兩間殘障兒童學校舊址興建「嘉諾撒聖方濟各學校」新校舍，繼續為區內適齡女童提供就學機會。

✠ 聖母聖衣堂

進教圍早在十九世紀已有聖方濟各堂，到了二十世紀，這間教堂便顯得空間不足。師多敏主教（Bishop Dominico Pozzoni）於 1920 年致函港府要求撥地建造較大的聖堂，並願意讓出般含道第一代聖安多尼堂的地段以作交換。其後政府批出跑馬地黃泥涌道一幅山坡地給教會興建新堂，1925 年落成，名為「聖瑪加利大堂」。有關此教堂的特色，在「跑馬地和銅鑼灣的天主堂」一節會有介紹。

對於住在灣仔的教友來說，前往跑馬地的教堂參加彌撒並不方便，因此要求教區在進教圍重建教堂。1939 年一名姓黃的教友斥資賺買星街土地捐給教會作為堂址，恩理覺主教（Bishop Enrico Valtorta）隨即展開建堂募捐運動，但受太平洋戰事影響而擱置。戰後建堂計劃繼續，當中包括一所學校，樓高六層，1950 年落成。樓下三層為基立學校，樓上是教堂，初名「煉靈堂」，七年後易名「聖母聖衣堂」。

及後區內人口變遷，基立學校於 1994 年結束營辦。此時教區有意籌集款項發展其他堂區，1997 年以七千萬元將聖母聖衣堂堂址售予發展商，興建四十二層高的住宅大廈「匯星壹號」。地下兩層留給教區重置聖母聖衣堂，2001 年由胡振中樞機祝聖啟用。這個安排曾令部分教友不滿，今天許多人行經大廈門口，都不知道裏面原來設有教堂。

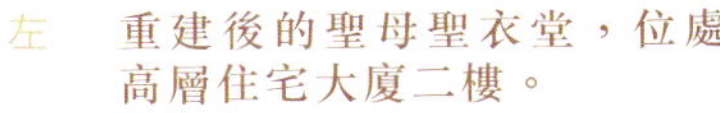

左　重建後的聖母聖衣堂，位處高層住宅大廈二樓。

右　聖母聖衣堂入口擺放舊聖堂的聖母聖衣像和銅鐘

舊聖堂的祭台前幅雕了「最後的晚餐」，人物造型參考達文西的畫作。

在聖母聖衣堂可見到舊聖堂一些遺物，包括兩口銅鐘和石造祭台。聖堂內部由教友兼建築師鄺心怡設計，按照梵蒂岡第二次大公會議精神，座位呈扇形排列，門口的洗禮池和中央的祭台以一條地面水道連接，淙淙活水由洗禮池流向祭台，象徵通往復活之路。祭台上方開了一個圓形天窗（以陽光比喻聖父），高懸金色的苦像十架（比喻聖子），一幅布幔連同小珠飾物傾瀉而下（比喻聖神降臨），代表耶穌天降人間，亦表達基督以犧牲帶來救恩。

祭台背壁有一幅人物眾多的彩石鑲嵌畫，由墨西哥的天主教藝術家鮑博（Francisco Borboa）繪製，取材自《聖經・若望福音》的「加納婚宴」，畫中央是婚宴的長桌，耶穌和瑪利亞分別站立兩端。故事講述耶穌在母親瑪利亞要求下將水變成酒，帶出聖母對耶穌的信心及對世人的關懷。✞

上　聖母聖衣堂祭台後方由墨西哥藝術家鮑博繪上「加納婚宴」壁畫，圓形天窗垂下布幔和水晶飾物，象徵聖神降臨。

下　聖母聖衣堂的洗禮池有水道連繫祭台，座位呈扇形排列，縮短教友與祭台之距離。

循道會在灣仔的歷史標誌

不少人還記得灣仔軒尼詩道和莊士頓道交界，曾經屹立一座具中式設計元素的紅磚教堂，若乘搭電車出入灣仔，必定會見到它，這是1936年落成的循道衛理聯合教會香港堂。但今天在同一位置已變成一幢高層大廈，宗教色彩並不明顯，原本的教堂已縮入大廈之內。

「循道」和「衛理」原是兩個獨立教會，宗教背景相同，源頭可追溯至十八世紀英國聖公會牧師約翰·衛斯理（John Wesley）與弟弟等人在牛津大學創立的聖潔會，當時他們專向勞工階級傳播福音，定出嚴格法規處理宗教事務。由於一切循規蹈距，故被稱為「循道友」（Methodists）。

美國獨立戰爭後，衛斯理見美國缺乏牧師傳道，因此在1784年按立牧師前往美國宣教和主持聖禮儀式，這導致與聖公會出現裂痕。衛斯理去世後終告分裂，英國的「循道友」成立「循道公會」（Methodist Church），在美國的循道會教徒後來組成「衛理公會」（Wesleyan Methodist Church）。

循道衛理聯合教會香港堂位處莊士敦道和軒尼詩道交界的三角地，是大佛口的地標，重建後變成高層大廈。

✠ 循道會與水手館

第一次鴉片戰爭後，外國傳教士紛紛赴華傳教，英國循道公會義務教士俾士（George Piercy）於1851年自費來港，再到廣州建立教會。1882年，十一位廣州循道會教友聯名致函母會，要求在港設堂，獲得批准後，同年在中環威靈頓街119號租地方設立學塾，夜間傳福音。1884年梁安統牧師由澳洲回港，答允義務主理聖工，福音堂改名「惠師禮會」（以約翰・衛斯理命名）。這是香港循道會的肇始，以華人為傳教對象，後稱「中華循道公會」。

1893年，英國循道公會在灣仔皇后大道東與堅尼地道交界建立一座英語禮拜堂，選址該處是因為對面山丘在1873建立了皇家海軍醫院（今天已改建為律敦治醫院），供英籍海軍和外籍教徒祈禱，每逢主日還會舉行軍人檢閱儀式，因此又稱為「駐軍教堂」。

此外，英國循道公會在1901年獲政府撥地在灣仔海旁東（莊士敦道）和軍器廠街交界建立「海陸軍人之家」（Sailors and Soldiers Home），俗稱「水手館」，牧養海員和海軍。中環與灣仔之間是軍營和海軍船塢所在，駐軍眾多，灣仔設有碼頭供海員和英美海軍登岸度假，是故灣仔酒吧林立，成為軍人和海員的消遣場所，同時產生不少社會問題。「水手館」設有宿舍、桌球室、閱讀室和會議室等，為海員和軍人提供服務，目的是希望將他們帶回正軌，免得沉醉於聲色場所。

與此同時，聖公會海員傳道會在1910年將「海員之家」（The Sailors' Home，又名「些剌堪」）由西營盤遷至海旁東，供海員短暫住宿。1920年代初，政府在海旁東填海，收回水手館和海員之家地段。前者遷至軒尼詩道22號（與晏頓街交界）重建，1929年啟用，五年後擴建；後者在告士打道新海旁重建，1933年落成。由於兩者名字和功能相似，因此經常被人混淆。

隨着社會發展，中華循道公會決定在灣仔建立華人教堂，在英國循道公會撥款支持和教友捐助下，1934年以五萬多元獲政府批出軒尼詩

上　循道衛理聯合教會香港堂外牆嵌上 1935 年的奠基石及 1997 年的重建紀念碑

下　位於循道衛理大廈內的聖堂，如土地面積一樣呈三角形。

道 36 號的三角形地皮興建新堂，由中華循道公會華南教區的英國建築師梅雅達（Arthur May）設計，附近四層高的水手館也是他的作品。

新教堂於 1936 年舉行獻堂禮，它以紅磚建造，樓高九層，頂部有中式瓦頂的鐘塔，在軒尼詩道和莊士敦道交界的牆身刻了「中華循道公會禮拜堂」，讓人遠遠便可見到。它是當時灣仔最高的建築物，亦是大佛口的地標。

皇后大道東的英語教堂在 1963 年重建，兩年後啟用。樓高三層，全以麻石築成，反璞歸真。立面除了有一個十字架外，並無其他宗教裝飾。它與中華循道公會禮拜堂是兩種風格，反映不同年代的建築潮流。

✠ 循道與衛理合併

中華人民共和國成立後，香港循道公會脱離華南教區，獨立發展。有美國背景的衛理公會，亦於上世紀五十年代初遷港。1953 年聖誕節石硤尾大火後，凸顯香港住屋不足問題，許多新移民在山坡搭建寮屋，生活環境惡劣。循道、衛理兩會攜手合作，十餘年間先後興建了衛斯理村（掃桿埔）、亞斯理村（大窩口）、愛華村（柴灣）和愛德村（大埔），讓基層市民有棲身之所。

社會上亦有許多失學兒童，循道、衛理兩會在各區興辦中小學和幼稚園，有些設於徙置大廈天台。後來政府在徙置區撥地，讓教會開辦學校和社會服務機構，天台小學才陸續停辦。

由於循道、衛理兩會有相同的宗派背景，秉承約翰．衛斯理的神學思想，因此在 1970 年決定通過聯合草案，五年後合併為「香港基督教循道衛理聯合教會」（The Methodist Church, Hong Kong）。大佛口的中華循道公會禮拜堂改名「循道衛理聯合教會香港堂」，原本隸屬英國循道公會的英語循道會於 1988 年加入香港循道衛理會，改名「循道衛理聯合教會國際禮拜堂」。

✠ 灣仔教堂先後重建

1970 年代，香港的駐港軍人和海員陸續減少，水手館原有的功能不復存在，教會改為在該處為市民提供社會服務。到了 1989 年，教會拆卸水手館，與發展商合作興建一幢二十一層高、擁有 250 個客房的「衛蘭軒」酒店，以外判形式營運，酒店下層用作循道衛理中心。隨着香港回歸，英國駐軍陸續撤離，在律敦治醫院對面的英語禮拜堂轉而發展菲律賓和南亞事工，也舉行普通話崇拜。

位於灣仔皇后大道東另一端的循道衛理聯合教會國際禮拜堂，1963 年重建時以麻石築砌，室內也見麻石材料。

在黃金地段重建物業，具有很高的經濟效益。教會再與發展商合作，拆去大佛口的循道衛理聯合教會香港堂，當時有許多教友反對，地區人士亦感不捨，但教會認為重建計劃不用自己出資，又可增加用地和發展教會事業的資金，最後決定在 1994 年拆卸舊堂，四年後重建成二十三層高的循道衛理大廈。地庫至七樓留給教會使用，八樓和九樓為教會總議會辦公室，十樓以上供發展商作商業用途出租。大廈下層模仿舊堂的鐘樓設計，並在牆身交界位置刻了「循道衛理聯合教會香港堂」。

教會有了重建教堂的經驗，2014 年底拆去皇后大道東的國際禮拜堂，2017 年又拆卸北角衛理堂（1962 年）。國際禮拜堂於 2018 年重建成二十二層高的大廈，名為「衛斯理大樓」，受地契所限不可作商業用途，現由教會自用。循道衛理聯合教會曾在灣仔一頭一尾各有一座特色教堂，在高地價政策下相繼消失，變成與商業大廈無異的教會建築。✞

新的國際禮拜堂於 2018 年重建完成，樓高二十二層，名為「衛斯理大樓」。

跑馬地和銅鑼灣的天主堂

西式墳場都設有聖堂，用作舉行悼念儀式。跑馬地的香港墳場（曾稱基督教墳場）和天主教聖彌額爾墳場於 1845 年和 1848 年建立，墳場內分別設有「復活堂」（Chapel of the Resurrection）和聖彌額爾小堂（St. Michael's Chapel），前者既是跑馬地現存最古老的建築物，也是香港歷史最悠久的西式建築，在第一章的「香港教堂設計演變」已有介紹。

✠ 聖彌額爾小堂

天主教聖彌額爾墳場最初沒有小堂，直至 1867 年宗座監牧盎神父（Fr. Luigi Ambrosi）逝世後才建造聖彌額爾小堂紀念他，同時為已逝教友舉行安息禮。

盎神父是意大利人，1855 年擔任羅馬教廷傳信部總務長和香港宗座監牧，當時他面對教會財政壓力，又要籌集資金重建威靈頓街的天主堂，還處理聖保祿修會的物業權糾紛。他其後病倒，1867 年 3 月 10 日去世，終年四十八歲。盎神父生前將香港天主教會交託米蘭外方傳教會管理，由高雷門神父（Fr. Timoleone Raimondi）接任宗座監牧。

聖彌額爾小堂位處墳場中軸線末端，採用集中式設計，在希臘十字形平面覆蓋圓拱頂。1916 年原址重建，仍用集中式設計，但比第一代聖堂為高，古典色彩較為濃厚。入口兩旁伴以多利克圓柱，承托上方的三角楣，對上還有一個長方形山牆，刻了拉丁文 PAX，乃「平安」意思。

小堂內保留梵蒂岡第二次大公會議（梵二）之前的舊式祭台，緊貼牆壁，上有「聖母哀子像」浮雕。高處有一句拉丁文，意謂「基督在此安息」。圓拱頂四方各開一個半圓窗，鑲以彩色玻璃，透入光線，與舊祭台兩旁的圓拱長窗互相輝映。

四周牆壁刻了許多早年逝世的神父名字，近門口的訃聞壁有香港首

上　跑馬地聖彌額爾墳場首間小堂呈希臘十字形，中央覆蓋圓拱頂。（圖片來源：《從米蘭到香港：150 年傳教使命》）

下　第二代的聖彌額爾小堂於 1916 年興建，與第一代聖堂相似。

任宗座監牧若瑟神父（Fr. Theodore Joset），他於 1842 年 8 月 5 日逝世，亦有第四任宗座監牧盎神父。另有幾塊修會專用石匾列出一些神父名字，包括巴黎外方傳教會、意大利宗座外方傳教會、耶穌會和美國瑪利諾傳教會等。這座小堂已被評為二級歷史建築。

小堂地下室曾放置神職人員的骨殖，後來容納不了，搬至小堂背後的骨殖龕位，現已排滿整面牆壁。在這裏可找到不少為人熟悉

上　現今的聖彌額爾小堂仍保留舊祭台，上有「聖母哀子像」雕刻。

中　聖彌額爾小堂背後放置骨殖龕，可見不少為人熟悉的神父名字和遺照。

下　加爾瓦略山會院已改為聖保祿天主教小學，近年在背後擴建校舍。

的神父名字及遺照，例如高主教、恩理覺主教（Bishop Enrico Pascal Valtorta）、徐誠斌主教和李宏基主教等。

✠ 聖瑪加利大堂

天主教在跑馬地的傳教工作始於聖保祿修會，1907 年在黃泥涌道一處山丘興建「加爾瓦略山會院」（Le Calvaire），由李柯倫治（Leigh & Orange，今譯「利安」）建築師樓設計，設有孤兒院和醫院。該處是舊日維多利亞城的邊界，山坡有華人墓地，修會請人清理墓地後才動工興建會院。1916 年，孤兒院和醫院逐步遷往銅鑼灣的總部，加爾瓦略山會院只作教育用途。

跑馬地第一間天主教堂是聖瑪加利大堂。1920 年，宗座代牧師多敏神父（Fr. Dominico Pozzoni）致函港府在跑馬地撥地建堂，取代不敷應用的灣仔聖方濟各堂。新堂建於加爾瓦略山會院附近，1923 年奠基，1925 年 1 月落成。之前五年，羅馬教廷將法國的瑪加利大．亞蘭菊（Margaret Mary Alacoque）封為聖人，香港宗座代牧區便以這位十七世紀的聖女作為新堂主保，名為「聖瑪加利大堂」。

● 聖瑪加利大堂前方設有巨大門廊，兩旁豎立聖伯多祿和聖保祿兩位宗徒雕像。

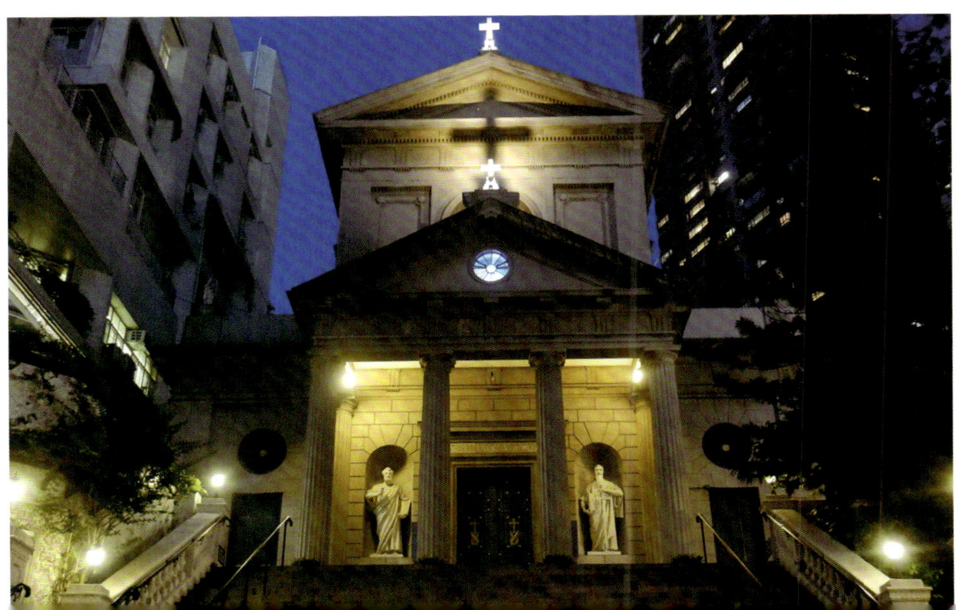

聖瑪加利大堂位於黃泥涌道和樂活道交界，後方有高聳的鐘樓。

聖堂由意大利建築師幹尼剌（U. Gonella）設計，附有鐘樓，屬於古典復興風格。它坐落於高地上，前方有兩層寬闊石級，每層各有十七級。信眾拾級而上，可見門廊左右各站立一座巨型雕像，分別是聖伯多祿和聖保祿。前者一手拿鑰匙，一手持福音書，表示耶穌將天國的鑰匙交給聖伯多祿，囑他建立教會帶領人們；聖保祿一手持劍，一手持福音書，代表宣揚福音，並在劍下殉道。

教堂採用羅馬公共會堂形式，呈長方形，末端是向外凸出的聖所。天花以筒形設計，排列了密密麻麻的方格。兩側牆壁安裝大塊的彩色玻璃窗，以黃、藍、紅、綠等顏色配搭，營造出一種神聖氣氛。教堂設有閣樓，樓上保留舊日的巨形管風琴。

聖所背壁有一座古典建築設計的祭台，上有三角楣，兩旁伴以圓柱，中央有一幅「耶穌顯現給聖瑪加利大」的畫像，這位聖女一生致力推廣耶穌聖心敬禮。「梵二」後要棄用華麗祭台，教堂在 1968 年進行內部裝修時拆去舊祭台，但仍保留畫像，下方加添十架苦像。神父改在前面新設的祭台進行彌撒。

聖瑪加利大堂已評為一級歷史建築，隔鄰的加爾瓦略山會院（今為

上　聖瑪加利大堂兩側上下開了大窗，裝設彩色玻璃，增添宗教氣氛。

下　聖瑪加利大堂和聖保祿小學（加爾瓦略山會院）與聖保祿中學，組成跑馬地的天主教建築群。

上　基督君王小堂立面頂端有鐘樓和基督君王像，額枋刻了「來朝拜王中之王」的拉丁文。

中　基督君王小堂呈拉丁十字型，中央交叉點上方覆蓋圓拱頂。

下　耶穌像手托十字聖球，代表基督宗教世界的君王。

聖保祿天主教小學）則是二級歷史建築，雙雙見證天主教於二十世紀初在此區的發展。

✠ 基督君王小堂

在法國外方傳教會總務長金神父（Fr. Leon-Gustave Robert）和商人遮打爵士（Sir Catchick Paul Chater）穿針引線下，法國沙爾德聖保祿女修會於 1914 年將灣仔「聖童之家」地段賣給置地公司，再以合理價錢購入渣甸洋行在銅鑼灣棉花路的香港棉織漂染廠，建立修會總部，並將修院、孤兒院、學校和醫院遷入。

到了 1930 年，聖保祿修會再在建築群中央加建一座聖堂，名為「基督君王小堂」。如此設置，就像「天主是修會的中心，人們在此祈禱」，亦象徵天主照顧修會各方面的工作。由於這是聖保祿修會的專屬聖堂，所以稱為「小堂」，但其實它的體型龐大，可容納一千人，是香港最大的一座小堂。修會提供的服務很多，工作人員不少，還有許多病人，因此要興建較大的聖堂給有關人士祈禱。

據奠基石記載，小堂由恩理覺主教奠基，建築師為 Crédit Foncier d'Extrême-Orient（義品地產公司），Jos. V. Chanatong（陳亞東）設計。同期香港有不少天主教建築物由義品地產公司建造和設計，如聖德肋撒堂（1932 年）、牛池灣聖若瑟安老院（1930 年代）和加爾默羅赤足隱修院（1937 年）等。

小堂平面為拉丁十字形，十字相交之處覆蓋巨大穹頂，是香港擁有最大圓拱頂的教堂。小堂後方凸出的部分為聖所，其餘三面外牆圍以兩層高的巨柱（giant order），地下和上層均有遊廊，共有四十六個法式門窗（French doors）與室內貫連，達至通風和採光的作用。

立面上方的三角楣有時鐘，對上是鐘樓。三角楣頂端屹立基督君王像，左手托十字聖球（象徵基督宗教世界），右手作祝福手勢。額枋刻了一句拉丁文：REGEM REGUM VENITE ADOREMUS，意謂「來

上　基督君王小堂末端的半圓形後殿和天花的圓拱頂，寓意天國。

下　聖所有三扇彩繪玻璃窗，描述耶穌聖心、聖母領報和聖母蒙召升天，祭台以「最後的晚餐」為雕刻題材。

朝拜王中之王」。

從正門步入聖堂，環顧室內無柱阻隔，每個角度均可望見聖所的祭台。上方有 U 型閣樓，擺放了大型管風琴，是昔日歌詠團唱詩地方。現今歌詠團改在樓下唱詩，管風琴曾因失修而停頓多時，2020 年修理後可以使用。

以前的祭台緊貼聖所牆壁，附有屏風，中央放置聖體亭，內有聖體櫃，左右兩旁有持燈的天使像，外圍以聖體欄圍繞。1973 年重修時，依據「梵二」的禮儀精神簡化聖所佈置，移走聖體亭、聖體欄和一對天使像，只留下屏風和聖體櫃。聖體亭現放在聖保祿修院花園一角，天使像送給聖瑪加利大堂，置於屋頂女兒牆兩端。

那次重修還在聖所增添三組彩繪玻璃窗，中央是「耶穌復活」，兩旁為「聖母領報」和「聖母蒙召升天」，令教堂更添宗教氣氛。設於聖所前方的主祭台由修女好友捐贈，用意大利雲石製造，前幅刻了「最後的晚餐」故事，由法國藝術家設計，人物栩栩如生，是教堂亮點之一。

基督君王小堂原本不開放給公眾參與彌撒，1961 年在聖瑪加利大堂的容達榮神父（Fr. John Pittavino）要求下，開始在此聖堂舉行兒童彌撒，後來教友增加，修女同意舉行主日彌撒，1973 年正式成為聖瑪加利大堂的彌撒中心。今天修會範圍內的學校和醫院已重建成新廈，但聖堂仍保持早年的新古典主義外貌，被評為一級歷史建築。✞

柱腳和壁柱頂部可見天使雕像，令聖堂增加美感。

薄扶林的天主教色彩

香港開埠早期，已有外籍人士在山明水秀的薄扶林居住，蘇格蘭富商德忌利士．拉伯克（Douglas Lapraik）是其中一位，1861 年在薄扶林村旁購地興建都鐸式風格的德格拉斯堡，作為公司總部和寓所。其後法國巴黎外方傳教會的奧塞神父（Fr. Pierre-Marie Osouf）以三千元買了薄扶林村對面的土地，1875 年建成伯大尼療養院（後稱伯大尼修院），為患病和年老的傳教士提供療養之所。

✠ 伯大尼修院

《聖經》記載，耶穌進入耶路撒冷過逾越節前，曾到訪伯大尼（Bethany，法語 Bethanie），在村中施行神蹟救活拉匝祿。現今在伯大尼修院正門麻石門楣，可見刻了一句引自〈若望福音〉的拉丁經文：「主啊！祢所愛的病了！」這話出自拉匝祿的姐姐瑪爾大，她向耶穌轉告拉匝祿病了。修院藉此話鼓勵抱病在床的傳教士，要保持對基督的堅定信心。

在 1875 年伯大尼修院啟用至 1974 年關閉期間，共接待過六千名在東亞地區工作的傳教士，當中有 101 位人在此逝世，平均每年一位。

伯大尼修院採用哥德式設計，院內有座漂亮聖堂，可容納一百人在此祈禱。半圓形聖所周邊有十二門徒像，上方有七扇彩繪天窗，中央為耶穌聖心像。聖堂兩側上下層共有十二扇彩繪玻璃窗，上層以圓案裝飾，下層以聖人或天使為主題，包括童貞瑪利亞、聖若瑟與聖嬰、聖亞納與孩童耶穌、洗者聖若望、天使長聖彌額爾，以及聖方濟各與中國男孩等，帶出宗教訊息。

約 1880 年，法國巴黎外方傳教會一位神父在摩星嶺附近發現洋紫荊，並以插枝方式移植至伯大尼修院栽種，後來送給香港植物公園。

1908年被確認為新發現的物種，為了紀念熱愛研究植物的港督卜力爵士（Sir Henry Blake），將學名命名為 Bauhinia Blakeana。

上　伯大尼修院是港島區現存最早的天主教建築，前面部分已經拆卸（圖片提供：巴黎外方傳教會檔案室）。

下　伯大尼修院先後用作傳教士療養院和香港大學出版社，現在是香港演藝學院電影電視學院。

✠ 德格拉斯堡改建為修院

1886 年創辦的牛奶公司亦在薄扶林建立牧場，從英國輸入八十頭乳牛生產新鮮牛奶。與此同時，太古洋行在伯大尼修院不遠處興建高級職員宿舍 Claymore（利牧苑）和 Alandale，令這地區洋溢着一片異國風情。

當年熱病（瘧疾）頗為流行，太古洋行放棄宿舍，將 Alandale 賣給牛奶公司作為倉庫，又將利牧苑售予法國巴黎外方傳教會，改為納匝肋修院連印書館（納匝肋即拿撒勒），供傳教士靈修之用，重燃傳教熱誠。但有多名傳教士染上熱病，要送往伯大尼修院治療，為此傳教會在 1891 年將納匝肋修院遷往西區半山的列治文台，以避開熱病。利牧苑出售給牛奶公司，其後拆卸。

1894 年又有鼠疫來襲，拉伯克的後人將德格拉斯堡賣給法國巴黎外方傳教會，由建築師 William Danby 改建為修院，內設小聖堂和靜修室，1896 年完成。納匝肋修院遷入使用，1909 年再加建兩層高的東翼作為印書館。

當年傳教會印製許多不同語文版本的《聖經》、字典和知識書本，供應亞洲各地作傳教之用。所用的字模大部分由院長滿方濟神父（Fr. F. C. Monnier）親手鑄造，出版過程艱辛。1903 年，滿方濟神父在伯大尼修院近岸山坡建造登山索道，運送書籍和紙張來往海邊的碼頭。牛奶公司的經理看見後，便參考他的設計，建造索道運送牧草上山。

✠ 太古樓教友村

納匝肋修院和印書館遷回薄扶林後，需要大量勞工，法國巴黎外方傳教會從寶安縣招募一班華人信徒到來工作。因要提供住宿，1896 年在利牧苑隔鄰興建兩排兩層高的房屋共四十八個單位給工人居住，其後增建小堂、小學、修女宿舍、神父宿舍和診療所等。全盛時期約有三百名天主教徒，形成一條教友村。

上　從多張舊照片的併合，可見昔日太古樓教友村的面貌。（圖片提供：「太古樓之友」）

下　伯大尼博物館展出太古樓的模型，左右有兩排房屋，中央為露德聖母堂，左邊有聖華小學舊校和新校。

薄扶林村村民過去稱利牧苑（太古高級職員宿舍）為「太古樓」，利牧苑拆卸後，人們也將教友村稱為「太古樓」。

隨着太古樓人口增加，原有的小堂不敷應用，法國巴黎外方傳教會於 1938 年興建規模較大的露德聖母堂。該處曾培育了多名神父和修女，包括天主教香港教區副主教陳志明神父，其父親原居西貢鹽田梓，後來還到太古樓工作。1951 年創立「聖華學校」，讓村中子女就讀。

太古樓自成一角，對外相對封閉。1952 年明之剛神父（Fr. Rene Chevalier）出任露德聖母堂司鐸後，決定擴大傳教範圍，開放太古樓的聖華學校給其他村民入讀。1954 年在薄扶林村村口設立診療所服務社群，讓更多人認識天主教信仰。

第一代露德聖母堂建於「梵二」之前，祭台靠貼牆壁，有欄杆與信眾分隔。（圖片提供：巴黎外方傳教會檔案室）

薄扶林面貌轉變

1949 年之後，傳教士難以在內地傳教，被逼撤離。法國巴黎外方傳教會開始淡出香港，1953 年將中環的法國傳道會大樓賣給港府，翌年將納匝肋修院售予香港大學，又將太古樓業權以象徵式價錢轉讓給天主教香港教區。1974 年再把伯大尼修院售予置地集團。其時置地已收購牛奶公司，計劃拆卸伯大尼修院發展住宅物業。翌年港府以換地方式從置地手中取得伯大尼業權，1978 年租予香港大學作為出版社及書籍

太古樓所在的地方，現在成為薄扶林花園。

左　太古樓拆卸後，露德聖母堂在置富徑重建，是一座圓形建築。

右　露德聖母堂保留了舊聖堂的銅鐘和露德聖母像

倉庫，令這座哥德式建築得以留存。

納匝肋修院和印書館關閉後，太古樓許多居民搬到外面謀生。教區在 1976 年將太古樓業權售予發展商，翌年清拆，逾八十年歷史的教友村消失，原址興建六幢住宅大廈，名為「薄扶林花園」，現今只留下「利牧徑」（Claymore Avenue）的路名讓人思憶。

天主教香港教區於 1977 年將太古樓的聖華學校遷往沙田禾輋邨，成為一座六層高的屋邨學校。露德聖母堂於 1983 年遷至置富徑新落成的天主教余振強紀念第二中學旁，呈圓形設計，聖堂內保留了舊堂的銅鐘和露德聖母像，延續傳教使命。

德格拉斯堡曾先後用作住宅和納匝肋修院，1956 年起成為香港大學男生宿舍「大學堂」。

✠ 大學堂和演藝校舍

香港大學購入納匝肋修院後，1956 年起用作男生宿舍，名為「大學堂」。修院內的小聖堂用作學生飯堂，靜修室變成公共休息室。印書館大樓所在的東翼拆卸，闢作停車場和擴闊行車通道。

伯大尼修院用作香港大學出版社，至 1997 年遷出，之後空置一段時間。2003 年政府撥款 7,420 萬元展開修復工程，之後將伯大尼修院連

上　納匝肋修院的小聖堂改為大學堂的飯廳，現在安裝的吊燈來自半島酒店。

中　位於大學堂最低層的學生休息室，曾是納匝肋修院的靜修室。

下　伯大尼修院（前方）與德格拉斯堡（後方）相隔一條薄扶林道

同鄰近兩座牛棚和牛奶公司辦公室主樓租予香港演藝學院，作為電影電視學院的校舍，2006 年底啟用。聖堂按原貌保留，地下儲物室則改為展覽室。

聖堂原有的十九塊玻璃窗，演藝學院尋回九塊重新裝上，其餘在菲律賓複製。十二門徒像找到四尊複製，聖堂大門、木雕祭台和屏風也重回伯大尼原位。大眾可透過導賞團或在演藝學院開放日參觀這座古老聖堂，或租用作為婚禮場地。聖公會聖約翰座堂轄下的以馬內利堂每逢星期日在此舉行英語崇拜。

左　在陽光照射下，彩繪玻璃窗散發動人色彩。

右　伯大尼修院修復期間，演藝學院尋回小堂昔日的木雕祭台和部分彩繪玻璃窗，並覓得其中四尊聖像複製。

牛奶公司在伯大尼修院附近建立牧場，1887 年興建高級職員宿舍，現由香港明愛活化為「薄凫林牧場」。

修院附近還有一座牛奶公司高級職員宿舍，2013 年納入「活化歷史建築伙伴計劃」，兩年後由香港明愛取得活化營運權，取名「薄凫林牧場」。宿舍用作博物館介紹牛奶公司牧場歷史，車庫變成接待室，傭工宿舍用作辦事處，另外增建一座副樓，展示薄扶林村的生活文化，2022 年開放。

法國巴黎外方傳教會曾在薄扶林建立伯大尼修院（1875 年）、納匝肋修院和印書館（1896 年）及教友村（1896 年），如今都已完成歷史任務。伯大尼修院和納匝肋修院（大學堂）成為法定古蹟，並且獲得活化，重新注入生命。附近的牛奶公司高級職員宿舍（1887 年）、牛棚（1887 年）和辦公室主樓（1920 年代）記載了牛奶公司的歷史，分別評為一級和二級歷史建築，亦已活化再用。它們在薄扶林組成獨特的西式建築群，各自留下不同的歷史。✝

九龍

Kwoloon

聖公會和天主教在九龍拓展

九龍半島還在清朝管轄時，已有天主教神父在九龍城及附近村落傳教。英國管治九龍半島後，英國海外傳道會（Church Missionary Society，即聖公會差會）開始到九龍開展事工，成立傳教支站。1890年港島聖士提反堂教友顧啟德與太太在九龍城家中開設聚會場所，作為九龍城支站，聖士提反堂鄺日修牧師和女傳教士范姑娘（Ada M. Finney）到來協助，教友逐漸增多，遂有建堂需要。

✠ 聖公會在九龍城傳教之始

那時鄺日修牧師與何思悌牧師（Rev. John Brown Ost）定期前往九龍城、油麻地和紅磡三地佈道，其中九龍城仍屬清廷管轄。1898年英國租借新界後，英國海外傳道會向港府申請在九龍城建堂，獲准在馬頭涌道旁（聖山山下）建立「九龍聖堂」，傳教工作得以擴展。1902年鄺日修遷居九龍城，投入傳教工作。

與此同時，英國海外傳道會向港府申請在九龍城興辦校舍，獲准在馬頭涌道一座山丘建校，1902年落成，將港島西區的維多利亞女校暨孤兒院遷來，成為九龍首間女子中學。山丘因而命名為「維多利亞山」，位置在今天已削平的亞皆老街遊樂場附近。

其後港府要開拓馬路，收回九龍聖堂土地，另撥維多利亞女校毗鄰地段給教會興建第二代教堂，1903年落成，翌年舉行獻堂禮，命名「聖三一堂」，由鄺日修擔任該堂首任牧師。

到了上世紀三十年代，政府要發展九龍城，夷平維多利亞山，撥地給英國海外傳道會作為交換。維多利亞女校於1936年遷往農圃道，與港島西區遷來的飛利女校合併，取名「協恩中學」，有「協力藉恩」的意思。孤兒院的孤兒則遷入聖公會的大埔農化孤兒院，其後改稱「聖基道兒童院」。

聖三一堂在維多利亞山旁邊（馬頭涌道現址）重建，1937 年落成，翌年舉行獻堂禮，這是聖公會在九龍城的第三代教堂。該堂由華人建築師吳建中設計，採用中式風格（第一章中的「中式教會建築」已有介紹），教堂盡頭的聖所以中式門罩分隔，祭壇原本緊貼牆壁，1976 年修葺時訂造一張中式聖餐桌作為祭壇，置於聖所前方，牧師主禮時面向會眾。

✠ 鄺日修牧師的貢獻

英國於 1899 年接收新界時曾遇鄉民武力反抗，認為是中方在背後煽動，於是出兵佔領九龍寨城，城內官兵離開。二十世紀初，鄺日修牧師透過聖公會向港府申請使用已丟空的九龍巡檢司衙署，改作「廣蔭院」，供孤寡無依者棲身。1918 年交由香港華人基督教聯會接手，後期演變為老人中心。九十年代九龍寨城清拆，這座舊衙署獲得保留，列為法定古蹟，用作寨城公園展覽館。

1906 年鄺牧師又向港府租用九龍寨城另一衙門舊址，興辦聖保羅

● 聖三一座堂的建堂年份可追溯至 1890 年，是九龍歷史最悠久的教堂，現今所見是 1937 年落成的第三代。

上　聖三一堂升格為聖三一座堂，2010 年 5 月舉行祝聖禮。

下　鄺日修牧師在九龍城發展傳教事業，逝世後下葬他生前有份推動建立的九龍華人基督教墳場。

小學校，後易名「天國學校」，免費教導貧苦兒童學習普通科和工藝知識。翌年租用衙門左面一座兩進房屋作為佈道所，取名「天國救道堂」。

隨着區內教友日增，鄺牧師聯同其他基督教會的華人牧者聯名上書港府，申請在九龍城設立華人基督教墳場，讓已逝教友安息。1904 年港府撥出侯王古廟後方的白鶴山北坡興建「耶穌教墳場」，是九龍第一座基督教墳場，現由香港華人基督教聯會管理。

九龍寨城現已改建成江南式園林，園內有一座假山以他為名，石碑記述：「鄺牧師節衣縮食照顧老少貧民的食宿康樂需要，鞠躬盡瘁至 1921 年離世。」鄺牧師安息後下葬九龍華人基督教墳場。

✠ 旺角諸聖堂

聖公會在油麻地建立傳教基地比九龍城晚一年。1891 年，港島聖士提反堂的何思悌牧師和鄺日修牧師在官涌一幢樓宇設立福音講堂，由羅儉行擔任講師。信教者不多，堂址很快變賣，後來成為九龍首座煤氣廠，人稱「火井」。

隨着油麻地人口增長迅速，商業繁盛，聖公會於 1894 年在榕樹頭重設福音講堂，聘請莫壽增為講師。二樓設立女子義學，由莫夫人任教，三樓為住宅。一年後，莫壽增夫婦被教會調往上環大笪地的福音堂任職，講堂又告停頓。

聖公會會吏長班為蘭（William Banister）要求教會撥款購地建堂，鄺牧師選了彌敦道 545 號（碧街交界）作為堂址，1903 年落成，七年後改名「諸聖堂」，是油麻地第一間華人聖堂，但很快就不敷應用。1922 年聖公會維多利亞教區主教杜培義（Bishop Charles Ridley Duppuy）向政府申請撥地，獲何文田（今旺角白布街）重建新堂，1928 年落成，六年後再建副堂。教堂先後搬了四次，終於有了固定堂址。

日佔期間，教堂被日軍徵用為官員集議場，副堂被用作官員宿舍，戰後恢復宗教用途。1934 年在此開辦的諸聖學校，戰後繼續教學，1951 年因應人口需求成立諸聖中學。

諸聖堂早期帶有英國愛德華時期的折衷主義風格，以紅磚築砌，配以白色線條，最令人矚目的是尖頂鐘樓。後來經過多次改建，外牆換了新裝，正門入口加建波浪形的門廊，面目全非。但教堂內仍保留新古典主義特色，聖所以三個拱券區分，兩旁設有講道台和讀經台。

鄺日修是聖公會首位華人牧師，有份參與成立聖三一堂和諸聖堂。這兩座教堂的歷史可追溯至 1890 年和 1891 年，是聖公會在九龍最古老的教堂，分別被評為二級和三級歷史建築。

香港聖公會於 1998 年成立教省，由主教長（大主教）統領，轄下

上　諸聖座堂是西九龍歷史最久的聖公會教堂，1928 年遷至現址，經過改建和擴建，形成今天面貌。

中　諸聖座堂室內佈局沒有太大變化，兩旁的彩繪玻璃窗在 2010 年重新安裝。

下　諸聖堂升格為諸聖座堂時，聖安德烈堂贈送一座金鷹讀經台，外貌與聖約翰座堂的讀經台一樣。

有三個教區，分別由三位主教管理，另有澳門傳道地區。香港原本只有一間主教座堂，就是聖約翰座堂。成立教省後，聖約翰座堂成為香港島教區的主教座堂，教省在 2010 年提升聖三一堂和諸聖堂為東九龍教區和西九龍教區的主教座堂，同時增加兩位主教職位。

✠ 聖公會的英語教堂

戰前聖公會在九龍建立的教堂，還有以英語崇拜的聖安德烈堂和基督堂。聖安德烈堂位於尖沙咀，由利安建築師樓（Leigh & Orange）的艾佛烈·布賴亞（Alfred Bryer）設計，1906 年建成，最初服務區內的英軍和外籍人士。教堂範圍還有牧師樓、傭人宿舍和管理員宿舍，形成一組建築群，整體被評為一級歷史建築。有關此教堂的設計特色，可看下一篇「九龍最後一批哥德式教堂」。

基督堂的前身是 1872 年在西營盤設立的聖彼得教堂，1933 年停用。因應九龍的外籍人口增加，聖公會在九龍塘公爵街 3 號設立臨時教堂，仍以英語進行崇拜。之後獲港府撥地在窩打老道與火石道交界興建永久會堂，改名「基督堂」，1938 年祝聖。基督堂由利安建築師樓設計，全身雪白，沒有太多裝飾，具現代主義特色，被評為三級歷史建築。位

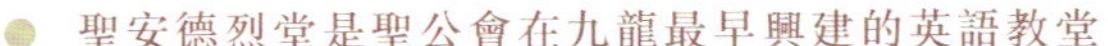

● 聖安德烈堂是聖公會在九龍最早興建的英語教堂

上　聖公會基督堂因應九龍塘區的洋人人口增加而興建

下　基督堂牧師住宅於戰前興建，尚未列入歷史建築評級名單。

於打比道的牧師住宅（Vicarage），與基督堂差不多同時落成，但沒有列入評級名單。

九龍戰前的聖公會教堂

聖公會教堂	地址	落成年份	評級
聖三一座堂	九龍城馬頭涌道 135 號	1937 年	二級歷史建築
諸聖座堂	旺角白布街 11 號	1928 年	三級歷史建築
聖安德烈堂建築群	尖沙咀彌敦道 138 號	1906 至 1910 年	一級歷史建築
基督堂	九龍塘窩打老道 132 號	1938 年	三級歷史建築
基督堂牧師住宅	九龍塘打比道 2 號	1940 年	沒有列入評級名單

✠ 九龍第一間天主堂

九龍半島於 1860 年由英國管治，尖沙咀大部分地方劃為軍事區，原有的村民遷往油麻地。1885 年商人遮打（Catchick Paul Chater）以五萬多元投得尖沙咀海旁土地（今廣東道），翌年與渣甸洋行成立「香港九龍碼頭及倉庫有限公司」，吸引商行在附近設立辦事處。

隨着尖沙咀人口增加，港府劃出尖沙咀部分地段拍賣，規定只可興建西式住宅。1886 年嘉諾撒仁愛女修會買了一幅臨海地興建小屋給患病孤兒休養，翌年因應修女和孤兒需要，再建「厄瑪烏房子」（Emmaus House）。後來教育需求增加，嘉諾撒修會獲葡籍教友甘曼斯醫生（Dr. Anthony S. Gomes）捐款，1900 年在厄瑪烏房子開辦聖瑪利書院。

同年北京發生義和團運動，英國從印度調派軍人來港，駐紮尖沙咀的軍營候命，其中 100 多人為天主教徒。為了牧養他們，意大利米蘭外方傳教會的德若翰神父（Fr. John M. Spada）每星期日由中環乘船到來，借用厄瑪烏房子舉行彌撒。其後教會要求嘉諾撒修會讓出部分地方，再由甘曼斯醫生及妻子捐款二萬元，1905 年建成玫瑰堂。有關該堂的設計特色，可看下一篇「九龍最後一批哥德式教堂」。

● 玫瑰堂是九龍半島最早建立的天主堂，初期服務外籍人士。

✠ 九龍塘聖德肋撒堂

英國租借新界後，尖沙咀迅速發展，人口增加。有商人提出在鄰近的何文田和九龍塘建立低密度的花園洋房，給中上階層居住。1924年，連接旺角與九龍城的英皇子道（後稱「太子道」）通車，帶動何文田和九龍塘的物業發展。早期居民有不少是信奉天主教的葡籍人士，當時九龍只有玫瑰堂可供他們參與彌撒，他們遂向教區要求在九龍塘增建聖堂。

1928年恩理覺主教（Bishop Enrico Valtorta）以三萬八千多元投得太子道和窩打老道交界一幅土地建堂，邀請黃竹坑華南總修院的建築師葛斯尼神父（Fr. Dom Adalbert Gresnigt）設計，原計劃像華南總修院一樣採用中華古典復興風格，但不獲葡籍教友喜歡。結果葛斯尼作出修訂，糅合葡籍建築師A. H. Basto和義品地產公司建築師尹威力（Gabreil van Wylick）的心思，1932年建成聖德肋撒堂，以1925年封聖的小德蘭（St. Teresa of the Child Jesus，又譯聖德肋撒）為主保。

聖德肋撒堂平面呈拉丁十字形，中央交叉點之上有八角形塔樓，混合中世紀的羅馬式（Romanesque）和拜占庭式（Byzantine）風格。旁邊附有一座獨立鐘樓，模仿威尼斯聖馬可廣場的鐘樓，有一段長時間是太子道最高的建築物，區內至今仍沒有其他教堂超越其高度。鐘樓的銅鐘在淪陷期間連同其他器皿一併變賣，用以濟貧，戰後安置新的電鐘。

教堂用圓拱列柱分隔中殿和兩邊側廊，盡頭的半圓形後殿有座雲石雕像，乃複製法國里修（Lisieux）加爾默羅女修會聖堂的祭台（聖女小德蘭加入此修會隱修），1951年由嘉諾撒聖瑪利書院學生捐贈。雕像中央是十字架，披上耶穌受難所穿的粗衣麻布，頂端有三個小天使灑下玫瑰花，象徵天主恩寵；下方可見聖女小德蘭跪在手抱小耶穌的聖母前面，為眾人祈禱。

另外，右耳殿和左耳殿的祭台分別擺放耶穌聖心像和花地瑪聖母像，後者由葡裔社群捐獻，從葡萄牙運來。堂內還有多座聖像，

上　聖德肋撒堂呈拉丁十字形設計，中央交叉點有八角形塔樓，門旁設有獨立鐘樓。
下　聖德肋撒堂的信友席有兩排列柱拱廊分隔，八角形塔樓之下是祭台所在

包括聖方濟各沙勿略和聖女小德蘭像，兩人均被立為傳教區主保。另外，教會於二戰後在鐘樓旁邊豎立「交通主保」聖基多福像（St. Christopher），面向太子道西和窩打老道交界，祈求減少交通意外。

九龍戰前的天主教堂

天主堂	地址	落成年份	評級
玫瑰堂	尖沙咀漆咸道南 125 號	1905 年	一級歷史建築
聖德肋撒堂	九龍塘太子道西 258 號	1932 年	一級歷史建築

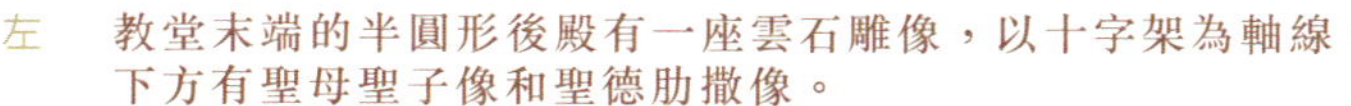

左　教堂末端的半圓形後殿有一座雲石雕像，以十字架為軸線，下方有聖母聖子像和聖德肋撒像。

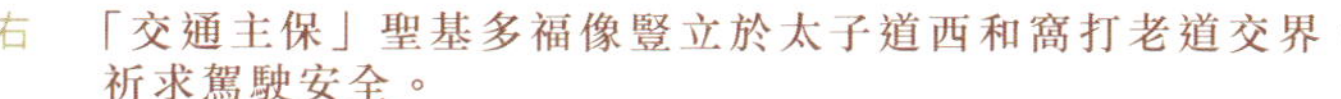

右　「交通主保」聖基多福像豎立於太子道西和窩打老道交界，祈求駕駛安全。

九龍最後一批哥德式教堂

戰前在九龍的教堂主要由天主教、聖公會和倫敦傳道會興建，服務不同宗派教徒。今天有三間留存下來的古老教堂，不約而同採用哥德復興式設計，分別是尖沙咀的玫瑰堂、聖安德烈堂，以及油麻地的九龍佑寧堂，前二者被評為一級歷史建築，九龍佑寧堂為法定古蹟。上世紀五十年代初興建的基督復臨安息日會九龍教會也是仿哥德式設計，但未有列入歷史建築評級名單。

九龍的哥德復興式教堂

哥德復興式教堂	地址	落成年份	評級
玫瑰堂	尖沙咀漆咸道南 125 號	1905 年	一級歷史建築
聖安德烈堂	尖沙咀彌敦道 138 號	1906 年	一級歷史建築
九龍佑寧堂	油麻地佐敦道 4 號	1931 年	法定古蹟
基督復臨安息日會 九龍教會	旺角界限街 52 號	1951 年	沒有列入評級名單

✠ 天主教玫瑰堂

1905 年落成的玫瑰堂是九龍第一間天主堂，由葡籍教友甘曼斯（Anthony S. Gomes）夫婦捐款興建，獻給龐貝聖母（又稱玫瑰聖母）。聖堂觸目都見尖塔、尖拱和尖頭門窗，兩側牆身加了扶壁，立面中央開了三個尖頭窗，表達三位一體的宗教思想。

龐貝聖母源自龐貝古城龐貝聖母殿（Shrine of Our Lady of Pompeii）的一幅繪畫，中央是聖母手抱小耶穌，左右有兩位聖人跪下，耶穌伸手將念珠交給聖道明（St. Dominic），聖母亦將手中的念珠交給聖加大利肋．亞西納（St. Catherine of Siena），興建聖堂藉此畫像推廣

上　玫瑰堂是九龍最早落成的哥德復興式教堂

下　玫瑰堂舊祭台現仍擺放龐貝聖母像，兩旁的彩繪玻璃窗於 1991 年更換。

左　玫瑰堂的半圓形後殿頂端最初嵌有《玫瑰經》十五端
右　2006 年按教宗指示多加五端，講述耶穌在世傳道和建立聖體聖事。

誦念《玫瑰經》。

玫瑰堂聖所的一組雕像是按照上述畫像訂造。梵蒂岡第二次大公會議後，教廷鼓勵教堂簡化聖所佈置，玫瑰堂曾移走聖道明像和聖女加大利肋像，只留下聖母手抱小耶穌像。近年又見重新放置兩像，回復舊觀。

聖所的尖拱券頂端可見《玫瑰經》的圓形圖像，最初有十五幅，代表「歡喜五端」（耶穌降生事蹟）、「痛苦五端」（耶穌苦難事蹟）與「榮福五端」（耶穌和聖母救贖後的事蹟），供教徒敬禮聖母，也是對耶穌生平的默想。2002 年教宗若望保祿二世（Pope John Paul II）增加「光明五端」，補充耶穌在世傳道和建立聖體聖事。四年後，玫瑰堂在原有的十五幅圖像下方加添五幅圖像，讓教徒按次序誦念二十端奧蹟。

戰後教友增加，1950 年玫瑰堂擴建，增建門廊和經樓，令中殿拉長，平面由巴西利卡式變成拉丁十字形。1991 年進行大規模維修時，更換聖所兩旁的彩繪玻璃窗，設計師運用抽象手法表現耶穌受難和聖神降臨的故事。2003 年再維修時更換地磚，只保留左右側門各五片舊磚。

上　聖安德烈堂採用哥德復興式風格，同時加入愛德華時期流行的建築色彩。

下左　聖安德烈堂於 2004 年進行修復，使鐘樓再度鳴鐘。

下右　約七十年代拍攝的聖安德烈堂內貌，氣氛莊嚴肅穆。（圖片提供：洪力平先生）

● 聖安德烈堂的彩繪玻璃窗色彩豐富，具傳統宗教繪畫特色。

✠ 聖公會聖安德烈堂

英國租借新界後，聖公會維多利亞教區主教霍約瑟（Joseph Charles Hoare）到尖沙咀考察教堂選址，但因缺乏經費，工程未能展開。直至1904年得到遮打爵士（Sir Catchick Paul Chater）捐款三萬五千元才動工建堂，1906年落成，名為「聖安德烈堂」。可惜霍約瑟在該年風災中遇難身亡，未能目睹教堂啟用。

聖安德烈堂採用英國教堂常見的哥德復興式建築風格，有尖拱、扶壁、飛扶壁、花葉形圖案和大塊的彩繪玻璃窗，並加了愛德華時期流行的紅白相間磚飾。聖堂平面呈拉丁十字型，附有一座鐘樓，原是尖頂，1966年維修時移除，變成平頂。

聖堂四面均有彩繪玻璃窗，以東窗最瑰麗。中央是耶穌受難像，跪在其腳下的長髮女子是抹大拉的馬利亞，兩旁有聖母瑪利亞、約翰、安德烈和彼得。最下方有「最後的晚餐」圖像。日佔期間，教堂用作神社，幸好東窗和西窗（以花卉圖案為題）均沒有受到破壞。

除了聖堂外，遮打爵士還捐款興建牧師樓（Vicarage）和禮堂。

上　聖安德烈堂牧師樓於1909年建成，是九龍現存最古老的西式住宅，現改作其他用途。

下　聖安德烈堂的看守員宿舍棄置多時，十分破落。

前者於1919年落成，日佔時期被用作神社住持和憲兵隊長的居所，現在改為青少年中心。禮堂建於1913年，但後來因為空間不足而拆卸，1977年重建成七層高的基督中心。牧師樓後面附有傭人宿舍，不遠處的小丘還有管理員宿舍，它們都與牧師樓同期建成。教堂與這三座紅磚屋風格一致，整體被評為一級歷史建築。

經歷一個世紀，聖安德烈堂敵不過空氣污染和人為疏忽而出現損毀。教會在2004年針對外牆、鐘樓及左右耳堂的玻璃窗進行了修復和更換，2006年獲得聯合國教科文組織頒發「亞太區文物保護獎」優秀獎。評語是修復人員對歷史建築技術和物料進行了精細的研究，使鐘樓再度響起鐘聲，標誌着教堂的重生。

為迎合發展需要，教會在2012年展開擴建工程，拆去彌敦道旁一列百年花崗石圍牆，挖空遍植樹木的山坡，興建「生命中心」，2015年竣工。今天經過聖安德烈堂下方的行人路，可見新圍牆裝設玻璃大門。還好哥德式設計的花崗石門樓（1954年）仍然保存，可經此門拾級前往舊教堂。

✠ 跨宗派的九龍佑寧堂

早年居住九龍的居民除了天主教徒和聖公會教徒外，也有不少屬於其他宗派的新教徒。1922年，約二百名外籍人士聯署要求港府撥地，仿效港島佑寧堂（Union Church），興建一所不分宗派、不分種族的教堂，以英語作為崇拜語言。

港府批出佐敦道與覺士道交界的土地給倫敦傳道會建堂，1924年舉行崇拜。在遮打爵士捐資下，在原有聖堂旁邊興建一座高聳的哥德復興式教堂，1930年由輔政司修頓（Thomas Southorn）奠基，翌年落成，名為「九龍佑寧堂」。舊堂另一端興建牧師樓，也在1931年竣工。

九龍佑寧堂以紅磚築成，塔樓下方是正門所在，塔頂採用雉堞式設計。踏進聖堂，首先映入眼簾的是盡堂聖所的都鐸式拱券，內有聖體皓光十字架。拱券頂有一個分了三份的圓窗，像三葉花瓣，寓意三位一體（諸聖座堂也有）。天花由眾多粗壯的橡木支承，據說木條由外國運來，從生長到今約有二百年。

日佔時期，教堂和牧師樓被劫掠一空，座椅和家具全失，日本人將教堂用作馬房。戰後有教友從舊物店尋回兩張靠背長椅，其他木椅要重新訂造，1947年恢復舉行崇拜。舊堂於1955年拆卸，建成今天兩層高的副堂。

上　九龍佑寧堂採用簡化的哥德復興式風格，是九龍唯一的法定古蹟教堂。
下　九龍佑寧堂的聖所懸掛十字架，上方有一個三分圓窗，代表三位一體。

● 九龍佑寧堂牧師樓見證了昔日遍佈尖沙咀的花園洋房面貌

九龍佑寧堂於 2017 年獲提升為法定古蹟，但同時期的牧師樓（Manse）仍維持三級歷史建築。早年尖沙咀有部分地帶為歐洲人住宅區，只許興建西式花園洋房。後來廢除限制令，尖沙咀迅速發展，花園洋房被逐一拆卸，變成高層樓宇。這座糅合裝飾藝術特色的牧師樓，今天已成為區內碩果僅存的花園洋房，臨街有矮牆圍繞，反映舊日外籍人士的居住環境。

教會曾將牧師樓租予基督教勵行會使用，協助新來港的外籍家傭和工人適應生活。2011 年收回該址，翻新後上層回復為牧師住宅，地下用作舉辦活動。

✠ 基督復臨安息日會九龍教會

基督復臨安息日會於 1863 年隨着美國奮興運動（Great Awakening）而成立，二十世紀初宣教士赴華傳道。1903 年在廣州創辦伯特利女校，1922 年發展為男女校「三育中學」。抗日戰爭爆發後，學校遷港。1939 年在跑馬地雲地利道建立香港第一所教堂，取名「先導紀念堂」（2017 年拆卸重建），1951 年在旺角界限街建立第二所教堂，名為「基督復臨安息日會九龍教會」。

上　基督復臨安息日會九龍教會由第一代留學西方的華人建築師徐敬直設計，屬簡化的哥德復興式。

下　九龍教會聖堂位於二樓，天花呈金字形，盡頭是講道和洗禮之聖所。

九龍教會是一座金字頂的仿哥德式教堂，由留美華人建築師徐敬直設計，1950 年奠基，1951 年 1 月舉行獻堂禮。聖堂呈 T 字型，四面均有高大的尖拱窗。結構為鋼筋混凝土，外表鋪上花崗石塊，裝飾不多。二樓為聖堂所在，空間寬敞，無柱遮擋，可容納五百人聚會。教堂已有超過七十五年歷史，又位處旺角區，但沒有人太多人注意。✞

戰後九龍的教堂形式

上世紀五六十年代，大量內地移民湧入，加上戰後嬰兒潮，令香港人口激增，住屋、教育和社會服務需求殷切。教會本着「哪裏有需要，就到那裏去」的精神，在人口稠密的徙置區或寮屋區工作。不過由於資源匱乏，土地緊張，建堂並不容易，但港府較願意撥地給志願團體辦學，因此這段日子是教會辦學的高峰期，通過教育傳揚福音。

那時的教會多數先建學校，將聖堂寄居於學校禮堂或頂樓，到時機成熟時，才在毗鄰建堂。是故戰後的教堂與學校經常相連一起，聖堂外貌較為平實簡樸，但也有少數聖堂在設計上獨樹一幟，成為區內地標之一。

✠ 石硤尾徙置區

1953 年聖誕夜，石硤尾六村大火，造成五萬多人無家可歸，促使港府開始興建徙置大廈。翌年當局在災場旁邊撥地給天主教會建立聖方濟各堂，一方面補償日佔時期因擴建啟德機場而拆去的「聖五傷方濟各堂」，另外亦希望借助教會力量，為貧窮家庭提供福利服務。聖方濟各堂毗鄰建有聖方濟各小學，兩者同於 1955 年落成。有關此教堂的建築特色，可看第二章的「中式教會建築」一節。

聖公會於 1951 年在石硤尾成立聖多馬傳道區，借用巴域街聖多馬小學的半圓形鐵篷屋校舍作崇拜場所，1953 年在巴域街與南昌街交界興建新校舍。同年聖誕節發生石硤尾大火，聖公會發起，太古洋行華人經理黃焯菴捐款在巴域街建立「念劬勞醫療院」，1955 年奠基，既為區內居民提供醫療服務，亦紀念其父母養育之恩。

在美國聖公會和英國海外傳道會捐助下，聖公會於 1962 年購入巴域街土地興建聖多馬堂，1965 年落成，與聖多馬小學連成一體。小學

上　石硤尾大火後，教會紛紛到深水埗展開工作，天主教會興建的聖方濟各堂和學校規模最大。

下　圖片左方為 1965 年落成的聖公會聖多馬堂，右方是 1955 年興建的念劬勞醫療院，現為聖公會宗教教育中心。

已於 2011 年遷往東沙島街，舊校供香港科技專上書院使用。念劬勞醫療院亦已停辦，樓宇成為香港聖公會宗教教育中心，地下保留念劬勞醫療院的奠基碑。

1949 年許多傳教士隨同難民南下香港，其中有美國路德會的宣教

上　香港路德會救主堂建於石硤尾邨美荷樓旁，當時主要服務屋邨居民。

下　救主堂室內空間寬敞，兩旁各有十塊直身彩色玻璃窗，透入充足光線。

士，他們在等候輪船或飛機返回美國期間，看見大批難民生活困苦，流離失所，毅然決定留港，開展救濟和佈道工作。其後組成「美國路德會香港分會」，也是香港路德會之前身。

起初他們在調景嶺蓋搭葵棚服務難民，1950 年 10 月在深水埗大埔道 232 號租用地方聚會，是為救主堂建堂之始，1953 年在該處創辦協同中學。同年年底石硤尾六村發生大火，救主堂投入救災工作。

經過兩次遷徙後，在美國路德會協助下，在石硤尾邨美荷樓毗鄰

（大埔道 290 號）購地興建新堂，1968 年落成，名為「香港路德會救主堂」。1973 年在教堂旁加建救主學校，現供輕度智障兒童就讀。

救主堂採用早期現代主義（包浩斯）風格，向馬路一方有座高樓，樓頂的十字架十分矚目。兩側牆壁排列十一塊長形窗，有助空氣流通，至今教堂仍沒有安裝冷氣。古蹟辦已將此教堂納入歷史建築評級名單，有待評級。

✠ 李鄭屋徙置區

1954 年 10 月 1 日，長沙灣李鄭屋村發生火災，災民逾六千人。政府宣佈興建李鄭屋徙置區安置災民。翌年聖公會港澳教區主教何明華（Bishop Ronald Owen Hall）與教育司署商討在今天的廣利道興建學校，照顧適齡入學兒童，1958 年基愛學校落成。之後獲加拿大聖公會捐助，何明華會督再向政府申請在學校後面山崗興建基愛堂和牧師住宅，1963 年落成。

基愛堂位於教堂大樓三樓，由身兼聖公會會吏的建築師龍韶基設計，牆身排了一列窗戶，每個窗之上均有尖角，仿效哥德式特色。聖壇上方的屋頂呈尖角半圓形，像一把傘，從外表看有粗獷主義味道。聖堂遠離馬路，但獨特的屋頂也吸引行人注意。

聖所的屋頂有窗可透入光線，同時有助牧師講道時擴音。聖所高懸十字架，後面三面牆壁原是白色，1983 年在中央加添巨型的馬賽克壁畫，由教友梁錦鴻設計，以抽象手法表現耶穌釘十字架的圖畫，下方有昔日長沙灣常見的七層徙置大廈、唐樓和工廠大廈，寓意福音在社區植根。兩旁牆壁加上大型木雕，亦由梁錦鴻製作，分別代表聖洗和聖餐兩項重要聖事。

龍韶基在 1961 年設計基愛堂時已嘗試作出突破，將聖桌（祭壇）移離東面牆壁，接近信眾席，牧師面向信眾一同慶祝感恩祭。這種設計在當時未見於大公教會其他教堂，直至天主教在 1965 年召開完梵蒂岡

上　聖公會基愛堂的設計打破傳統方體，結構外露，頗有粗獷主義味道。
下　基愛堂聖壇的頂部呈尖角半圓形，像一把傘護佑信眾。

上　聖老楞佐天主堂與善導學校結合一起興建，是戰後常見的現象。

下　聖老楞佐堂因應李鄭屋邨出現而興建，為區內居民提供服務。

第二屆大公會議，頒佈禮儀憲章後，才開始盛行將祭台移離背壁，神父或聖公會牧師改為面向信眾進行崇拜。這座教堂率先引入創新意念，古蹟辦應考慮作出評級。

同在廣利道的天主教聖老楞佐堂，1960 年落成。傳教士建堂時已計劃同時建校，兩者同在一座建築物內，外貌樸實，用意是表達該堂主保聖老楞佐（St. Lawrence）是公元三世紀一位服務窮苦大眾、最後被羅馬總督判以烤刑而殉道的聖人。1971 年教會在外牆加添一幅用彩石砌成的聖老楞佐善行圖徽，由墨西哥藝術家鮑博（Francisco Borboa）設計，為此建築物添上宗教色彩。

聖老楞佐堂位於天主教善導小學頂層，呈長方形，樓底較高，沒有柱子阻隔視線。兩側牆壁各有一列綠黃相間的玻璃窗，柱子上排列十四處苦路圖像，也是出自鮑博的手筆。聖體櫃兩旁的一對「天使」燈也有特色，它們默默地見證了聖老楞佐堂的發展。

✠ 黃大仙徙置區

前稱竹園的黃大仙區也遍佈公營房屋，黃大仙徙置區於 1950 年代尾開始陸續落成，聖公會於 1959 年在徙置區地下開辦基信學校，1962 年在該校辦事處成立聖十架堂。之後購入沙田坳道 6 號現址興建新堂，同樣由建築師龍韶基設計，1966 年由何明華會督為新堂祝聖，那時已成立幼兒中心、供膳中心及青年工友宿舍，以應對區內居民需要。

聖十架堂採用現代主義風格，面向昔日黃大仙徙置區（今黃大仙下邨）一方鋪上彩色玻璃幕牆，中間有矚目的十字架；面向新蒲崗一方是正門，屋頂有座類似的鐘樓，頂端豎立三支方位不同的十字架，寓意照耀各方。聖堂天花呈弧形，在當時屬嶄新設計。教堂原本附設幼兒中心幼稚園，現已停辦了。

在黃大仙徙置區另一方的睦鄰街，也有一座設計與別不同的教堂，就是路德會救恩堂。因應黃大仙區聚居了許多新移民，1953 年路德會

聖公會聖十架堂建堂之初服務黃大仙徙置區和廉租屋的居民

協同聖經學院派出十多位同學到來做家訪，其後買了一間由移民搭建的地舖，設立宗教書室，晚間用作聚會。之後遷往竹園石屋和七層徙置大廈天台，1967 年獲政府撥出睦鄰街現址建堂。但同年遇上「六七暴動」，令計劃受阻，直至 1971 年一座三角形教堂和三層高的幼稚園才告落成。教堂設計獨特罕見，但沒有被納入歷史建築評級名單。

✠ 茶果嶺聖馬可堂

在東九龍十三鄉中，茶果嶺和鯉魚門地處一角，遍佈石屋，居民的生活沒有受到政府關注。1951 年，美國路德會宣教士到來開荒，1953 年華籍傳道人賴約翰成立佈道所，服務該處居民。到了 1957 年，一座用麻石砌成的聖馬可堂在茶果嶺大街建成，舉行奉獻禮。

因應村內兒童需要，路德會於 1958 年在教堂內開辦聖馬可學校，

上　香港路德會救主堂採用三角形結構，營造崇高、上升的感覺。
下　救主堂兩邊的三角形裝上彩色玻璃窗，教友崇拜時可感受宗教氣氛。

上　香港路德會聖馬可堂使用茶果嶺盛產的花崗石為建築材料

下　茶果嶺正在重建，許多居民遷出，到聖馬可堂參與崇拜的人減少。

由小一至小四年級，採用複式教學。隨着茶果嶺對外交通改善，適齡學童紛紛轉往九龍市區或港島筲箕灣上學，令聖馬可學校收生減少，1973 年改為聖馬可堂幼稚園，直至 2000 年代結束。如今大部分教友已遷離茶果嶺，教堂只在星期日上午開門舉行崇拜活動，同時透過網上直播，讓身處各地的教友參加。

當局已開始收回茶果嶺寮屋區土地，聖馬可堂不在重建範圍，故此不受影響。這是香港路德會現存最悠久的教堂建築，所用的花崗石反映了茶果嶺過去是石礦場的歷史，但該堂沒有列入歷史建築評級名單，以致被人遺忘。

✠ 鯉魚門聖雅各伯堂

1950 年一批內地難民聚居油塘與鯉魚門之間，建立嶺南新村。1962 年初，天主教聖母聖心會派遣比利時籍的雷震東神父（Fr. Octaff de Vreese）到鯉魚門的單層平房創辦聖雅各伯小堂，並開設診所和開辦德基學校服務居民。翌年，在後方山坡岩壁上建了類似聖堂的構築物，內奉聖母無玷之心像，教友稱之為「聖母岩」，但其外觀並非岩洞造型，聖像亦不是露德聖母。該像面向海灣而立，構築物的十字架山牆寫上「鯉魚門聖母」。

七十年代開始，教友和學生增加，原有的單層房屋不足應付，聖堂主任司鐸田恆利神父（Fr. Harrie Stultiens）向政府提出希望在油塘建堂，但未獲批地，直至 1988 年才在油塘嘉榮街興建聖雅各伯堂，1990 年落成，內設幼稚園，由胡振中樞機祝聖。鯉魚門的舊堂遂被棄置，後山雜草叢生，但「聖母岩」仍完好。舊堂暫時未有活化計劃，希望「聖母岩」可以繼續保留，作為天主教在鯉魚門傳教的見證。✞

● 比利時聖母聖心會在鯉魚門建立的聖雅各伯小堂已經停用，門樓亦拆卸。

上　聖雅各伯小堂後山崖壁有一小型聖殿，距離地面頗高，內置聖母無玷之心像。

下　1990 年落成的聖雅各伯堂已取代舊堂成為油塘和鯉魚門的祈禱場所

新界東

New Territories East

天主教在大埔和粉嶺福傳之路

天主教在新界最早在何處傳教？這要由 1858 年中英簽訂《天津條約》說起，當中列明英法人士可在中國遊歷和傳教。同年，華籍梁神父到淺灣（今荃灣）講道，有些來自大埔碗窰的客家村民參加，當中包括馬金秀這位少年。他要求入教，最後跟隨梁神父回港島接受洗禮。

1860 年《北京條約》簽訂，允許傳教士在中國各省租買田地，建造自便。天主教宗座監牧區將傳教範圍擴展至九龍和新安縣，同年意大利米蘭外方傳教會（1926 年改稱宗座外方傳教會）的高雷門神父（Fr. Timoleone Raimondi）獲委任為副宗座監牧及教廷傳信部駐華副總務長，他與梁神父乘船往淺灣，再翻山越嶺到大埔碗窰進行探訪，住在馬金秀家中。

✠ 碗窰和汀角

碗窰以製造陶瓷聞名，村內有一座供奉陶瓷業祖師「樊仙」的廟宇。傳統思想與西方宗教相遇，並未產生衝突。1861 年穆神父（Fr. Giuseppe Burghignoli）抵達碗窰，獲村中的客家村民捐贈儲存瓷器的磚屋作為聖堂，取名「聖伯多祿小堂」，附有神父宿舍。穆神父將房間闢作課室，吸引村內村外兒童到來讀書。碗窰於 1861 年成為傳教中心，是天主教在新界傳教之始。

大埔汀角村民看見碗窰辦學成功，便邀請傳教士到來。1864 年，和倫泰神父（Fr. Simeon Volonteri）在梁子馨神父和穆神父的協助下，在村民捐出的房屋建立聖安德肋小堂和學校，規模較碗窰的大。由於汀角村位於海邊，交通方便，之後取代碗窰成為天主教在新安縣的傳教中心。

碗窰曾有興旺的陶瓷業，後來面對內地競爭而式微，終在 1932 年停產。不少居民轉往市區工作，聖伯多祿小堂因無人打理而破落倒塌。根據村長指示，在馬氏宗祠後方一面破舊的磚牆乃聖堂殘留下的遺跡。汀角的聖安德肋小堂已不存在，現今的村民都不清楚位置。

1874 年 11 月 17 日，香港天主教宗座監牧區晉升為代牧區，傳教範圍再擴展至整個新安縣（今寶安縣）、歸善縣（今惠陽縣）和海豐縣。高雷門神父獲委任為香港首位宗座代牧，同年在梵蒂岡獲祝聖為主教，人稱「高主教」。此時天主教在大陸地區的傳教中心已由汀角村轉移至西貢墟，着力於西貢半島傳教。

✠ 英治前後在大埔傳教

本地圍村居民的傳統信仰根深蒂固，生活較客家人富裕，部分鄉村還自辦書塾，傳教士難以在他們的地方辦學講道。光緒十八年（1892 年），非鄧氏鄉村組成「大埔七約」，建立太和市，七年後（1899 年）

上　通曉多種方言的梁子馨神父，是第一批進入新界傳教的華人。

下　天主教傳教士曾在碗窰建立聖伯多祿小堂，現今僅餘一面磚牆。

英國人接管新界，傳教範圍才進一步擴展。

「大埔七約」在大埔墟（今稱大埔舊墟）對岸設立太和市，並在市內（富善街）興建文武二帝廟。光緒廿二年（1896年）合資興建廣福橋橫跨林村河，方便大埔墟的村民到太和市買賣。同年刻立「建造廣福橋芳名開列碑」，置於文武二帝廟內。捐款者中有「天主堂」三個字，所捐款項為「弍大員」（兩圓），在當時是不少數目，可見傳教士也為社區服務出一分力。

英國人接管新界後在太和市附近的圓崗（運頭角山）設立行政中心，令大埔尤其是太和市更加興旺，到來的傳教士亦增多。但傳統大族的鄉紳父老，包括大埔頭鄧氏、泰亨文氏及大埔墟的商人對西方宗教仍甚抗拒。傳教士曾向大埔理民府申請在太和市官地興建聖堂，但遭拒絕，原因是避免引起鄉紳不滿。

及後有天主教團體在太和市附近的錦山覓得土地興建聖堂，名字沿用汀角村的「聖安德肋小堂」名字，1926年祝聖。但位置偏僻又位處高地，到來聽道的人不多。1937年丁丑風災，聖安德肋小堂嚴重損毀，神父另外租用大埔公路（今廣福道135至137號）兩幢三層樓宇作為彌撒中心和神父宿舍。由於近養鴨場，該處又稱「鴨毛寮」。

錦山的聖安德肋小堂空置了十九年，至1956年耶穌小姊妹友愛會一班修女來港服務，修葺小堂給她們入住。修女們在此開墾田地種菜，又飼養家禽，直至2005年因年紀老邁，遷往天水圍的教會宿舍安享晚年，原址改為天主教的研究和交流中心，供外地的天主教研究者住宿。這座戰前建築物難得保留下來，訴說天主教在新界東的傳教歷史，可惜沒有列入歷史建築評級名單。

✠ 大埔聖母無玷之心堂

上世紀五十年代尾，天主教會獲地產商朱仁傑以低價出售其先父朱定昌在運頭街的別墅，用作興建新教堂，以取代「鴨毛寮」的臨時聖堂，

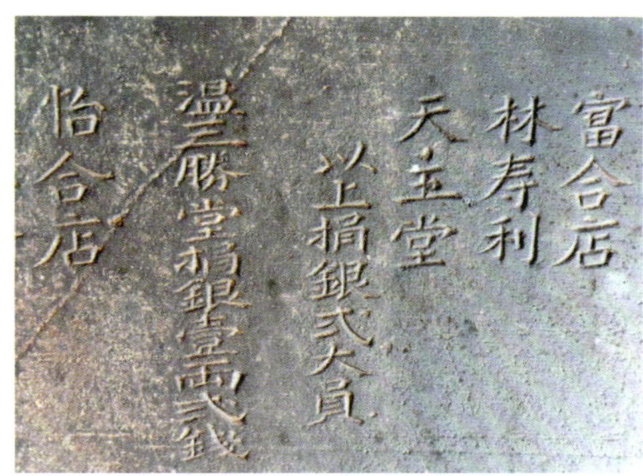

上　大埔文武二帝廟有碑記錄 1896 年捐款興建第一代廣福橋的名單，可見天主堂捐銀「弍大員」。

中　錦山的聖安德肋小堂於 1926 年興建，外貌像住宅，近年改為「原道交流中心」。

下　聖安德肋小堂於 1956 年給予耶穌小姊妹友愛會的修女居住，地下設有小聖堂。

1961 年落成，名為「大埔聖母無玷之心堂」。翌年在教堂二樓開辦聖母聖心小學，1991 年搬往大埔富亨邨。

大埔聖母無玷之心堂的設計糅合現代主義與新古典主義，亦見中國傳統裝飾，如祥雲和翹角。聖堂兩側分別裝上一列玻璃窗，增強內部光線。今天所見的聖所佈置已經過翻新，中央懸掛十字架苦像，背壁有「五餅二魚」圖案。

祭台兩邊各放銅鐘，一個原屬於深涌的三王來朝小堂，另一個由炮彈殼造成，來自西貢大浪村的聖母無原罪小堂。二戰時大浪的小堂被東江縱隊用作根據地，教會保留此鐘是提醒教友為世界和平祈禱。另外教堂門口還懸掛一個銅鐘，那是由錦山的聖安德肋小堂搬來，顯示兩間聖堂有承先啟後之意。

教堂旁邊的物業原本是朱定昌家族所有，1976 年朱仁傑秉承先父遺志，將之捐予九龍樂善堂，1983 年建成安老院舍，名為「樂善堂朱定昌頤養院」。

✠ 粉嶺聖若瑟堂

1926 年，天主教區將新界劃分為東鐸區和西鐸區。東鐸區以西貢墟為中心，遍及西貢半島各村，由丁味略神父（Fr. Emilio Teruzzi）主理；西鐸區以大埔墟為中心，範圍包括沙田、大埔、粉嶺、上水、沙頭角、打鼓嶺、元朗、荃灣、大澳等地，由穀祿師神父（Fr. Richard S. Brookes）主理。每逢星期日，神父要輪流到區內各地舉行彌撒。

九廣鐵路通車後，粉嶺設有車站，附近又有軍營，對宗教服務需求增加。初期神父借用天主教徒徐仁壽（華仁書院創辦人）在崇謙堂村的石廬舉行彌撒，後來徐仁壽納妾，區鴻慈神父（Fr. Valva Didacus D'Ayala）寫信給教區主教，說如果繼續在石廬舉行彌撒會成為人所共知的醜聞，因此開始覓地建堂。

宗座外方傳教會的賴法禹神父（Fr. Ambrose Poletti）於 1949 年接

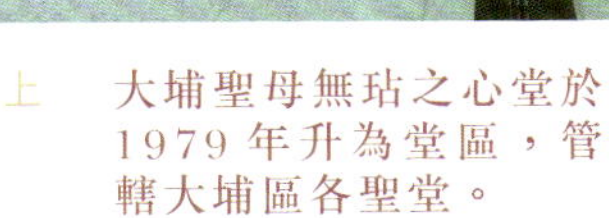

上　大埔聖母無玷之心堂於1979年升為堂區，管轄大埔區各聖堂。

中左　大埔聖母無玷之心堂的祭台懸掛十架苦像，背壁有五餅二魚圖案。

中右　聖母無玷之心像的胸前可見紅心、火焰和玫瑰，代表聖母的愛和德行。

下　教堂保存三個見證福傳歷史的古鐘，其中一個在日佔時期由炮彈殼造成。

粉嶺聖若瑟堂的鐘樓懸掛三個意大利製造的銅鐘，舉行彌撒前拉鐘通知教友。

手西鑼區，1951 年租用教友鄧坤亮在聯和墟對面之祖居為聖堂（今寶血會培靈學校校址），翌年獲朱仁傑捐贈聯和墟後面一塊農地（和泰街）建堂。賴神父聯絡附近軍營的英軍和外籍警察協助，教堂迅即在 1953 年落成，翌年由白英奇主教（Bishop Lorenzo Bianchi）祝聖，名為「粉嶺聖若瑟堂」，可容納二百多名教友參與聚會。

聯和墟遍佈兩層高中式樓房，唯獨粉嶺聖若瑟堂以西式設計，採用花崗石興建，簡樸而具宗教氣息。正門上方的山牆開了三個圓拱窗，代表「聖三一」，中央的壁龕有一尊聖若瑟手抱小耶穌像。聖堂內設有唱經樓，因應禮儀革新，1999 至 2000 年內部重修，聖所背壁增加一幅東方聖像畫，名為「獻耶穌於聖殿」，描繪瑪利亞和若瑟將小耶穌獻給聖殿的故事。祭台雕刻以《聖經》故事為題，講述耶穌復活後在厄瑪烏（以馬忤斯）向兩名門徒顯現。

聖堂毗鄰有活動室和神父宿舍，後來加建鐘樓，將聖堂與活動室連繫一起，這三座建築物均建於 1953 年，分別評為三級歷史建築。

上　粉嶺聖若瑟堂以麻石砌成，具有鄉村教堂氣氛。

下　粉嶺聖若瑟堂與活動室和神父宿舍一同被評為三級歷史建築

✠ 挖建地下空間

隨着北區發展為新市鎮，粉嶺聖若瑟堂的設施已不足應付所需。教區原計劃將聖堂拆卸重建，但考慮到這組建築群有保育價值，當年教區主教楊鳴章神父向特區政府申請使用聖堂旁邊的臨時停車場土地，興建地下空間作為聚會場所，經過多年終獲批准。2018 年楊鳴章主教主持動土禮，舊聖堂要暫時關閉。由於工程浩大，延至 2023 年底才竣工，翌年初舉行新翼聖堂奉獻禮，由教區主教周守仁樞機主持。

新翼聖堂可容納七百人，信眾席呈扇形排列，聖洗池可供洗者浸洗，並有流動的活水。另一端是祭台，背壁懸掛「復活基督」像。祭台和聖洗池的上方均覆蓋天幕玻璃，透入自然光線。從外面觀看，兩處天幕玻璃採用金字塔設計。

新翼聖堂以聖若瑟的「七苦七樂」連結舊聖堂，沿途設置文字解釋，其中第四苦和樂以畫像展示。第五苦和樂是指聖若瑟帶同瑪利亞和耶穌逃往埃及，以躲避黑落德王（希律王）殺害白冷（伯利恆）兩歲以下嬰孩，上述金字塔設計便是呼應此故事。✞

上左 粉嶺聖若瑟堂因空間不足而擴建，2018年由當時的楊鳴章主教主持動土禮。

上右 已故的楊鳴章主教曾向政府申請在聖堂毗鄰的臨時停車場挖建地下空間，作為新翼聖堂。

下 經過五年工程，粉嶺聖若瑟堂新翼聖堂落成，2024年初由周守仁樞機主持奉獻禮。

崇真會在粉嶺和西貢的事工

粉嶺龍躍頭有一條古蹟辦開闢的文物徑，範圍包括鄧氏的五圍六村，以及客家人的崇謙堂村。這條客家村有傳統大宅「乾德樓」、西式洋樓「石廬」和基督教堂「崇謙堂」，都屬歷史建築，由於不對外開放，外界對其所知不多。該村與龍躍頭的鄧族圍村有不同的宗教信仰，百多年來生活一起，中西建築互相輝映。

✠ 基督教教友村

英國租借新界前後，新安縣有客家人移居龍躍頭松㟪塘，租田耕種。其中布吉鄉巴色會（香港崇真會前身）退休牧師凌啟蓮在此買地建屋，並從鄉間僱用客籍人士到來耕田。閒暇時他與長子凌善元向客家人傳揚福音，有人聽道後歸信基督，凌啟蓮便請求巴色會差派傳道人前來工作。

1905 年，巴色會委派新安縣龍華鄉客籍傳道人彭樂三到龍躍頭成立教會。他租用兩間村屋作為教堂和住所，許多村民入教，久而久之形成一條基督教客家村。1924 年巴色會改名崇真會，松㟪塘亦改以「崇謙堂」為村名，教堂亦取此名。

彭樂三與凌啟蓮父子在村中合建一座兩層高大宅，五開間設計，1910 年落成。凌啟蓮的教名為「乾甫」，彭樂三的教名為「德福」，大屋命名為「乾德樓」，凌、彭兩家各佔大屋一半。彭樂三又在附近自建「樂園」，作為餘閒怡情之地。

彭樂三看見鄰近鄉村子弟多數失學，決意聯合村民創立學校。1913 年他先籌資數百元在村旁小丘興建臨時校舍，名「穀詒書室」，由傳道人張和彬兼任教學工作。不出數年，前來就讀的學童絡繹不絕。為此彭樂三等人計劃興建正式校舍，得華仁書院創辦人徐仁壽之助，加上政府和鄉紳出資，新式校舍於 1925 年落成，定名「從謙學校」。彭樂三出任校監，徐仁壽為校長，學生七十多人，戰前都以客家語授課。

徐仁壽是天主教徒，1923 年遷居崇謙堂村，其後住在兩層高的西式大宅，名為「石廬」。早年天主教在粉嶺沒有堂址，神父借用石廬舉行彌撒，後來天主教會在聯和墟興建粉嶺聖若瑟堂（有關此堂成立經過，可看上一節「天主教在大埔和粉嶺福傳之路」）。1981 年徐仁壽逝世，石廬於 1996 年賣給龍躍頭的商人，一直空置，至今仍未發展。

上　乾德樓由巴色會退休牧師凌啟蓮（乾甫）和傳道人彭樂三（德福）合資興建，是崇謙堂村最大的民居。

下　創辦華仁書院的天主教徒徐仁壽於 1923 年居崇謙堂村，他所住的「石廬」現已荒廢。

✠ 客家聖堂擴建

崇謙堂村的教友早期在房屋聚會崇拜，後來空間不足，凌啟蓮和彭樂三等人倡建一座單層教堂，山牆寫上「崇謙堂」和「1927」年份，頂端有鐘樓，具歐洲鄉村教堂特色。

1949 年之後人口急增，崇真會決定擴建崇謙堂。經凌善元之子凌道揚（其後出任崇基學院校長）奔走，又得聖公會會督何明華（Bishop Ronald Owen Hall）協助，在原有教堂之上加高一層。山牆模仿舊堂設計，寫上「崇謙堂」和「1951」年份，頂端也有鐘樓。上層開了三個圓拱窗，乃聖堂所在。

聖堂下層為接待室和主日學課室，1957 年起用作幼稚園，由歷史學者羅香林出任校監，凌道揚夫人崔亞蘭出任校長。羅香林是客家人，

上　粉嶺崇謙堂開啟了崇真會在新界北區傳教歷史，1951 年擴建為兩層，立面的三個圓拱窗是聖所位置。

中　昔日崇謙堂舉行崇拜所用的風琴，現在仍可彈奏。

下　崇真會於 1983 年在舊堂附近興建新的崇謙堂，可容納更多信眾。

1951 年與妻子朱倓及子女在崇謙堂領洗，其後他受按為香港崇真會長老。

到了七十年代，這座教堂又容納不了新增教友，需覓地建造新堂。崇真會最初選址麻笏圍附近一處山坡，1974 年辦好購地手續準備動土之際，有鄧族父老突然去世，鄧氏以教堂破壞風水為由反對興建。崇真會唯有洽購崇謙堂村村口一幅土地興建新堂，1983 年舉行獻堂禮。舊堂保留，2006 年重修後改名「崇謙樓」，下層展覽村中舊物，上層聖堂給青少年舉行團契活動。

✠ 傳奇人物彭樂三

彭樂三本是巴色會傳道人，1905 年由家鄉南下到崇謙堂村傳道。七年後新界發展日益興旺，他未能專心教會職務，遂辭去傳道人工作，轉為從事地產和按揭業務。他通曉英語，可以閱讀政府公文，能與英籍理民官溝通，反映村民意見。又善於排難解紛，深得大眾信賴。

1923 年，新界鄉紳開會反對港府實施民田建屋須補地價的政策，彭樂三提議每區各舉代表，組成「租界農工商業研究總會」與官員交涉，結果當局收回成命。1926 年港督金文泰爵士（Sir Cecil Clementi）探訪該會時建議改名為「新界鄉議局」，協助政府處理新界事務。前清秀才李仲莊出任鄉議局首屆主席，兩年後由彭樂三接任，其後他再任第三屆、第五屆和第九屆的主席。

彭樂三以鄉議局主席身份向大埔理民府申請在崇謙堂村後山闢建基督教墳場，給已逝崇真會教友下葬。1931 年政府刊登憲報批准成立「崇謙堂崇真會基督教墳場」，門外可見大埔理民府於 1934 年所立的碑石。下葬此墳場的崇真會教友包括彭樂三、淩啟蓮和徐仁壽的親戚和後人（徐仁壽葬在長沙灣天主教墳場），還有崇真會長老羅香林夫婦等。

由崇謙堂村往聯和墟要經過昔日的安樂村，兩村相隔一條河。河上的木橋年久失修，彭樂三於 1926 年向大埔理民府申請重建，在政府和

上　乾德樓一半地方由彭樂三的後人居住，大廳懸掛彭樂三的畫像。

中　崇謙堂村後方的崇謙堂崇真會基督教墳場，是新界最早的教會墳場之一。

下　歷史學者羅香林與太太朱倓下葬於崇謙堂崇真會基督教墳場

上　大埔理民府於 1930 年代在安樂村和崇謙堂村之間豎立石碑，見證昔日村民的衝突。

下　大埔南華莆村沒有祠堂和廟宇，只有一座單層聖堂，2007 年重建後外貌如昔。

村民資助下，於 1928 年建成三合土結構的「從謙橋」。

崇謙堂村與安樂村兩地村民時有衝突，彭樂三要求政府斡旋。大埔理民府於 1930 年在兩村之間的路上立碑，指示前往崇謙堂村和從謙學校的方向。1934 年再立碑，聲明「此路乃是安樂村入崇謙堂公路，所有牛隻不准繫於該處，以免阻礙行人，毀壞道路」，以減少兩村摩擦。安樂村現已變成工業村，但這兩塊石碑仍置於路旁。

接替彭樂三擔任崇謙堂傳道人的張和彬，1912 年到大埔南華莆向客籍居民展開福音工作，當時的村長林茂發（又名林柏如）帶領居民歸信基督，步行前往粉嶺崇謙堂聽道。戰後為免教友長途跋涉，1948 年在村中興建單層教堂，名「崇真堂」，1953 年擴建，外形仿照崇謙堂的模樣。2007 年因結構受白蟻侵蝕而拆卸，在原址按原貌重建。

✠ 西貢兩間崇真堂

巴色會在粉嶺龍躍頭開基立堂那一年（1905 年），亦將福音傳到西貢一條偏遠的客家村窩美。牧師租賃村屋作為佈道所和學校，1913 年獲政府撥出窩美村和南圍村之間土地建堂。十年後，天主教神父也到窩美傳教，借用謝氏村民祠堂聚會，戰後興建獨立聖堂。崇真會在 1974 年也重建窩美堂，周邊仍可見舊堂年代留下的圍牆殘跡。

1947 年崇真會一群教友在西貢墟醫局街租屋設立教堂，稱為「西貢崇真堂」，向客家人傳播福音。1954 年崇真會購入普通道一座兩層高大屋，翌年將內地已停辦的樂育神學院遷入復校。1966 年樂育神學院併入香港中文大學崇基學院神學院，該址由西貢崇真堂使用，1967 年開辦西貢樂育幼稚園。

此屋原是商人李水生的住宅，約建於 1940 年，兩層高的大屋兩端各有一座更樓，中間向街一面闢有拱券遊廊，外貌中西合璧。牆身髹上雪白色，十分矚目，成為西貢墟的地標。

日佔時期曾作為日本憲兵隊總部，1945 年日皇無條件投降，但西

西貢窩美崇真堂已有逾百年歷史，1974 年重建成今天的面貌。

上　西貢墟崇真堂和西貢樂育幼稚園原址是一座大宅，兩端設有更樓。

下　西貢崇真堂於 1967 年開辦西貢樂育幼稚園，現已被古諮會評為二級歷史建築。

貢的日軍卻拒絕撤離憲兵隊總部，曾與東江縱隊游擊隊爆發槍戰。日軍見大勢已去，趁黑夜乘船離開。英國重新接管香港後，游擊隊遵照上級指示將保護西貢的責任交回英方，交接儀式在李水生大屋進行。翌年警察派駐西貢，大屋用作西貢警署長達四年之久，其後由崇真會購入。

許多人見到「西貢崇真堂」之名，會混淆附近的西貢崇真學校，以為是同一教會。其實前者是基督教，後者是天主教。兩個宗派先後在西貢墟設立傳教點，吸引村民信教和讀書，為傳統村落帶來西方文化和知識，令生活得到改善。✞

散佈於西貢半島的天主堂

清廷與英、法於1858年簽訂《天津條約》和1860年簽訂《北京條約》，容許傳教士在中國內地遊歷和傳教，法國傳教士更可在各省租買田地興建教堂。因此香港天主教宗座監牧區將傳教範圍擴展至九龍半島和新安縣（包括今天的新界），傳教士深入這些地區傳教，開啟中西文化的接觸。

✠ 西貢墟傳教中心

當年傳教士難以在傳統信仰根深蒂固的圍村立足，寧願長途跋涉到偏遠窮困的鄉村佈道。1864年，意大利米蘭外方傳教會（1926年改稱宗座外方傳教會）神父和倫泰（Fr. Simeon Volonteri）來到西貢墟，柯神父（Fr. Cajetanus Origo）隨之而來，認為這地方可以發展事工，決定住下。

西貢墟並非鄉村，居民來自四面八方，主要從商、買賣或打工，他們不像圍村鄉紳那般抗拒西方宗教，對傳教士熱情對待。有村民將天后古廟附近一幅土地送予神父興建小堂、學校和宿舍，1866年落成，同年的五旬節有十九人付洗。

傳教士在西貢除了提供教育，還協助村民處理生活上的問題。1867至1869年間，和倫泰神父組織西貢村民武裝對抗上水地主苛收田租，為他們爭取權益。和神父曾走訪新安縣不少地方，實地勘查，在華籍神父梁子馨協助下，繪製了一幅中英對照的《新安縣全圖》，1866年在德國和意大利印製出版。地圖上標示了眾多村落的名稱和位置，為準備前往新安縣的傳教士帶來莫大方便。其後和倫泰神父被派往河南工作，1874年晉升主教，人稱「安西滿主教」。

1874年11月17日，香港天主教宗座監牧區升為代牧區。翌年傳

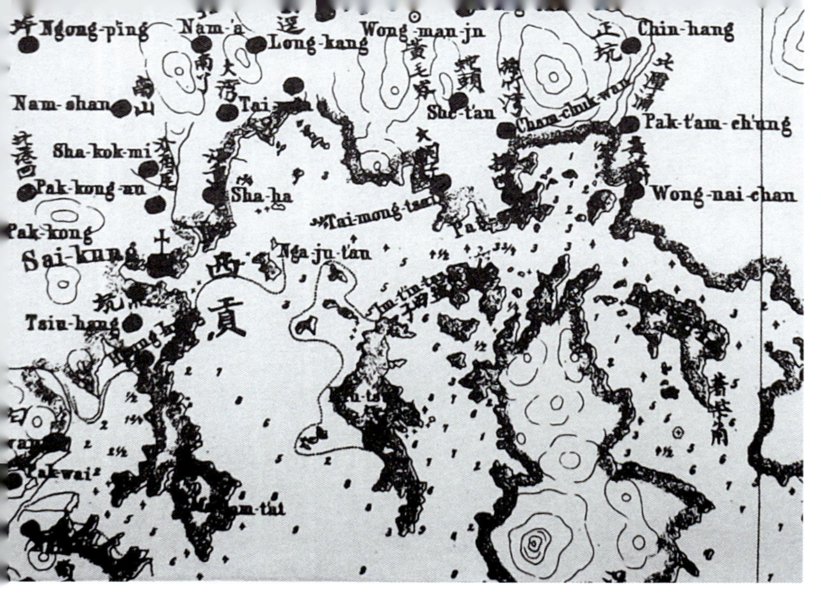

和倫泰神父繪製的中英對照《新安縣全圖》，在西貢區可見「黃毛岈」、「北潭涌」和「鹽田子」等地名。

教範圍擴展至新安縣（今寶安縣）、歸善縣（今惠陽縣）和海豐縣，稱為大陸地區（Continental District），西貢墟是大陸地區的傳教中心。外籍傳教士先來西貢墟熟習本地語言和文化，然後轉往其他鄉村。今天在西貢半島沿岸一帶仍可找到天主教的遺蹟。

✠ 西貢半島的偏遠聖堂

當年傳教士乘坐船隻穿梭於西貢半島沿岸的村落傳教，據 1879 年的記錄，大浪村的教友最多，有 162 人，其次是西貢墟（77 人）、鹽田梓（69 人）、赤徑（62 人）、輋下（54 人）和深涌（34 人）。傳教士主要協助村民解決生活問題、派發物資，如果條件許可，便借用村屋建立聖堂以舉行彌撒，同時興辦學校，向村中兒童傳播宗教思想和現代知識。

現存在西貢半島的聖堂，最早出現的是赤徑的聖家小堂和大浪的聖母無原罪小堂，均始建於 1867 年。其他早期聖堂還有蛋家灣的聖伯多祿小堂（1873 年）、深涌的三王來朝小堂（1879 年）、白沙澳的聖母無玷之心小堂（1880 年）和鹽田梓的聖若瑟小堂（1890 年）等，大多已經重建，部分現屬大埔堂區管理。有關聖若瑟小堂的建築特色，在下一節「西貢鹽田梓教友村」會有介紹。

上　大浪西灣的聖母無原罪小堂歷史悠久，但欠缺維修而日漸破落，有待修復。

中左　大浪的聖母無原罪小堂保留舊式祭台，對聯寫上：「預簡殊恩無染原罪，滿被聖寵卒世童貞」。

中右　赤徑的聖家小堂位於村屋後面，不為行山人士注意。

下　聖家小堂內設有圓拱門分隔聖所、中殿和前廳

上水廖氏曾因收地租問題與海下村和白沙澳的村民發生爭執，傳教士到來後協助解決，因而獲得信任，有數十名村民領洗皈依天主教，並在白沙澳建立聖母無玷之心小堂。華籍傳教士梁子馨神父曾到來工作，他是廣東南海人，通曉客家話和鶴佬話，是香港首批國籍神職人員。

✠ 二十世紀初蓬勃發展

1898 年英國租借新界，西貢半島的傳教事業進一步擴展。1914 年接管新界十五間教堂和小堂的丁味略神父（Fr. Emilio Teruzzi），經常到訪不同村落舉行彌撒，在白沙澳重建聖母無玷之心小堂，又在浪茄興建聖母聖誕小堂、在黃毛應興建玫瑰小堂。1924 年他在西貢墟附近的小丘（油麻莆）創辦崇真學校，供附近兒童就讀。這座單層麻石校舍曾用作修院，至今仍在西貢崇真天主教學校範圍，可是沒有評級。學校後方一處天主教墳場，1934 年開始使用。

丁味略神父每數個月徒步前往白沙澳探訪村民，其間重建聖母無玷之心小堂。這是一幢金字頂的建築物，外貌簡樸，側牆附有細小的尖頂鐘樓，昔日的教友拉繩敲鐘以通知村民前來祈禱。門口對上的半圓形空間刻了 AM 兩個美術合體字母，代表萬福瑪利亞（Ave Maria）。另外

左　白沙澳的聖母無玷之心小堂恆常地獲得修復，偶爾有教友到來探訪。
右　聖母無玷之心小堂有十張古色古香的單人跪凳，是嘉諾撒修女贈送的。

黃毛應玫瑰小堂未翻新前的舊貌。現在前方建了丁屋，加了圍牆分隔。

門楣有 AMDG 四個字母，乃拉丁文 Ad Maiorem Dei Gloriam（To the Greater Glory of God）的簡稱，中文譯作「愈顯主榮」。

淪陷時期

日本人佔領香港後，仍有兩位國籍神父在西貢墟和大浪赤徑服務，分別是三十多歲的郭景芸和年近六十的黃子謙，不幸他們在 1942 年均被歹徒殺害。同一時期，暫居企嶺下以北大洞村的丁味略神父亦被武裝人員擄去，最後在深涌的淺灘被發現其浮屍。為何要殺害三名天主教神父？誰是兇手？至今仍未有答案。

西貢半島山巒起伏，三面環海，海灣隱蔽，島嶼星羅棋佈，因此成為了抗日游擊隊的根據地。1942 年 2 月 3 日，港九獨立大隊在黃毛應的玫瑰小堂成立，統一指揮港九和新界的游擊工作。游擊隊駐紮在赤徑的聖家小堂，旁邊的神父樓成為大隊長和政治委員的辦公室和睡房。不少鄉村均有村民加入游擊隊，日軍曾獲通風報信到黃毛應緝捕游擊隊員，在玫瑰小堂向多名村民嚴刑逼供，最後不得要領，洗劫全村後離去。

1943 年 12 月 2 日，中共中央成立廣東人民抗日游擊隊東江縱隊，轄下有七個大隊，包括港九獨立大隊。司令部設於深圳土洋村一座棄置的天主教堂。

✠ 戰後繼續傳教

戰前在西貢半島建立的聖堂還有北潭涌的聖母七苦小堂（1900 年）、龍船灣天主堂（1910 年）、企嶺下小堂（1913 年），以及窩美的聖母無原罪小堂（1932 年）等，後者已在 1957 年重建。

戰後，天主教神父繼續到西貢鄉村傳教和辦學，爛泥灣沙咀村和西灣村均於 1953 年建立聖堂和學校。大浪村在 1957 年也重建育英學校，教育當地小童。

西貢墟聚居人口眾多，1959 年天主教會獲政府撥地在油麻莆崇真學校（1924 年）旁建立「西貢聖心堂」，取代原先在西貢墟的舊堂。

上　天主教很早在西貢墟立足，1959 年在油麻莆建立聖心堂。

下　西貢聖心堂祭台後方懸掛七幅聖像畫，為香港天主堂所罕見。

窩美的聖母無原罪小堂於 1957 年在高地重建，現今只在特別日子舉行彌撒。

新聖堂是單層金字頂建築，前有門廊凸出，立面以紅、藍色配襯。中央的山牆有石砌的十字架。聖堂內的祭台背壁懸掛七幅畫像，這佈置在其他聖堂甚為罕見。正中的是耶穌像，左為聖母瑪利亞，其餘是在亞洲不同地方傳揚福音的殉道者，後來被教廷封為聖人。

隨着住屋需求大增，西貢聖心堂的主任司鐸范慕琦神父（Fr. Giuseppe Famglietti）關顧受歧視的西貢漁民，於是向政府租地，與香港明愛合作在西貢對面海興建伯多祿村，1964 至 1965 年落成，讓漁民上岸居住。之後的西貢聖心堂司鐸林柏棟神父（Fr. Adelio Lambertoni），深感漁民和貧苦大眾居住環境惡劣，便四出奔走求助，幸得各界支持，1971 年在菠蘿輋建了太平村，1978 至 1979 年在對面海興建明順村，成為天主教在西貢服務的見證。

離開蠔涌不遠的窩美也有一座聖堂，名為「聖母無原罪小堂」，成立於 1932 年，當時借用謝氏村民的祠堂聚會。戰後西貢鄉村的教友增多，1957 年在現今的山丘上興建獨立聖堂，之後由西貢聖心堂管理。隨着教友他遷，現已停止恆常活動，只在農曆新年和十二月的聖母無原罪瞻禮才有神父到來主持彌撒，亦讓散居各地的村民藉此機會聚首一堂。

上左 糧船灣的龍船灣天主堂只餘祭台牆壁，破落不堪。
上右 北潭涌的聖母七苦小堂保養較佳，「古道行」不定期舉行彌撒。
下左 遠眺蛋家灣的聖伯多祿小堂舊址，曾租給信義會芬蘭差會設立戒毒中心。
下右 浪茄的聖母聖誕小堂現借給基督教互愛中心作為福音戒毒村

✠ 修復鄉村聖堂

自上世紀六十年代開始，新界許多偏遠鄉村的村民離開家園，前往市區或海外謀生，令鄉村聖堂荒棄破落。糧船灣的龍船灣天主堂更倒塌傾毀，僅辨認出祭台所在。西灣的海星小堂和海星學校，以及深涌的三王來朝小堂和公民學校被樹木雜草包圍，消失於人們的視野中。

公教童軍曾借用黃毛應的玫瑰小堂、白沙澳的聖母無玷之心小堂，以及北潭涌的聖母七苦小堂進行活動，其間作簡單維修，故建築物狀況良好。另有兩間曾被基督教團體借用，一間是浪茄的聖母聖誕小堂，另一間是蛋家灣的聖伯多祿小堂。

香港晨曦會於 1968 年向政府申請使用浪茄的小堂，建立福音戒毒

教區「古道行」工作小組於2018年接管西貢半島十座閒置聖堂，希望建立一條朝聖之路。

村，八年後晨曦會遷往牛尾海的伙頭墳洲，聖堂再度廢置。1981年基督教互愛中心租用此地成立福音戒毒村，並加建房舍給男性戒毒，現在仍然運作，天主教區計劃收回。蛋家灣的小堂於1908年重建，附設崇明學校，曾用作天主教會所。1997年基督教信義會芬蘭差會租借小堂作為戒毒中心，2019年交還教區。

2018年元旦，天主教香港教區批准成立「古道行」工作小組，由蔡惠民神父帶領，接管西貢半島十座閒置聖堂，分派人手進行訪問、整理和研究資料，舉辦展覽、講座和出版書籍。接着修復破舊的聖堂，不定期舉行活動和導賞團，令聖堂重生。

「古道行」最終目標是借鑑西班牙的「聖雅各伯之路」（Camino de Santiago），串連西貢半島的小堂，建立香港版的朝聖之路，讓市民行山時入內參觀，認識早期傳教士在新界開荒佈道所走過的足跡。

1953年在西灣下村建成的海星小堂和海星學校，1962年遭受颱風「溫黛」吹襲而破壞，翌年重修。隨着西灣村人口減少，小堂和學校日

上　西灣村的海星聖堂和海星學校荒廢多時，曾經被密林包圍。

下　海星小堂經「古道行」修復後面目一新，延續聖堂生命。

漸荒廢，1990 年代停止服務。室內物品被人拿走，懸掛於祭台牆上的海星聖母畫像亦不知所終。教區「古道行」工作小組的首個修復項目是這間小堂。2020 年中動工，花了一年多時間，耗資八百多萬元，於 2021 年完成，由湯漢樞機主持祝聖儀式。

第二間修復的聖堂是深涌下圍（教堂圍）的三王來朝小堂，它是 1956 年在原址重建的第二代聖堂，與公民學校同一屋簷下。上世紀六七十年代農業式微，深涌村民開始遷出，小堂被棄置。「古道行」接手後於 2023 年進行修復，完成後於 2025 年初由周守仁樞機祝聖。每年

上　深涌三王來朝小堂於1956年開辦公民學校，是鄉村兒童學習知識的地方。（圖片提供：天主教香港教區檔案處）

中　三王來朝小堂於2025年初完成修復，再次接待教友到來祈禱。

下　三王來朝小堂未修復前，裏面遺下舊祭台，周圍淩亂不堪。

一月初的主顯節（又稱三王來朝節），「古道行」在此舉行導賞活動和感恩祭，市民可以前來參加。

為了有效保育舊聖堂，「古道行」向古蹟辦提交聖堂資料，讓專家對一些具文物價值的聖堂研究評級，以引起外界關注，同時有助「古道行」向發展局申請維修資助。2019 年，古蹟辦將深涌、北潭涌、浪茄和西灣的小堂，還有大浪村的育英學校和蛋家灣的崇明學校納入歷史建築評級名單，前三間小堂已獲評為三級歷史建築，西灣的小堂暫時未有結果。育英學校被評為三級歷史建築，崇明學校不獲評級。✞

教區「古道行」工作小組接手西貢半島的十座聖堂

鄉村	聖堂	年份	歷史建築評級	現況
赤徑	聖家小堂	1867 （1874 年重建）	二級歷史建築	閒置
大浪	聖母無原罪小堂	1867 （1932 年重建）	三級歷史建築	閒置
蛋家灣	聖伯多祿小堂	1873 （1908 年重建）	不適用	曾改建，閒置。
深涌	三王來朝小堂	1879 （1956 年重建）	三級歷史建築	已修復
白沙澳	聖母無玷之心小堂	1880 （1916 年重建）	三級歷史建築	保持完好，閒置。
北潭涌	聖母七苦小堂	1900	三級歷史建築	保持完好，閒置。
糧船灣	龍船灣天主堂	1910	不適用	倒塌
浪茄	聖母聖誕小堂	1918	三級歷史建築	基督教互愛中心的戒毒村
黃毛應	玫瑰小堂	1923	二級歷史建築	保持完好，閒置。
西灣	海星彌撒中心	1953	等待評級	已修復

西 貢 鹽 田 梓 教 友 村

香港開埠後，天主教傳教士不顧艱辛前往新安縣的偏遠鄉村傳道，有不少村民因此接受洗禮成為教徒。其中西貢墟對出的小島鹽田梓，本是一條平凡的客家村，但村民全部歸信基督，成為香港首條天主教教友村。島上沒有廟宇、土地神壇和祠堂，唯一地標是聖若瑟小堂。

單 姓 客 家 教 友 村

二百多年前，祖籍廣東五華縣的客家人陳孟德夫婦由寶安縣觀瀾遷到沙頭角的鹽田村，繼而遷居西貢一小島，開闢鹽田，以曬鹽為生，並在此繁衍後代，形成單姓的客家村。陳氏將小島命名為「鹽田梓」，「梓」是「故里」意思，目的是希望後人不忘故鄉。

意大利米蘭外方傳教會的和倫泰神父（Fr. Simeon Volonteri）和柯神父（Fr. Cajetanus Origo）於 1864 年到該島探訪村民，兩年後有七名村民領洗，同年的聖誕節再有三十名村民成為教徒，包括陳氏三代族人。至 1875 年，全島村民都已領洗。

出生於奧地利、其後在荷蘭加入聖言會的福若瑟神父（Fr. Josef Freinademetz）於 1879 年來港學習中國文化和語言，後來接替和倫泰神

鹽田梓是一條陳姓客家村，村中地標是聖若瑟小堂。（圖片提供：文化葫蘆）

父在西貢工作，為期半年，曾兩度往鹽田梓為村民付洗，在村民借出的舊屋舉行彌撒和住宿。1881 年他赴山東傳教，設立孤兒院、印刷廠和學校。1908 年服侍傷寒病人時受感染而死於山東，時年 56 歲。1975 年他獲教宗封為真福，2003 年封為聖人，是首位曾居香港的天主教聖人，鹽田梓亦與有榮焉。

十九世紀的鄉村社會，要村民信教並不容易，首先說服他們不要供奉土地和其他民間神明。傳教士在鹽田梓傳教如此順利，原因是該島自成一角，人口不多，又屬同一氏族，加上當時的客家人不論在地位或地理上都處於社會邊緣，受到本地人欺壓。傳教士在村中辦學，又幫村民爭取權益，因而取得村民信任。

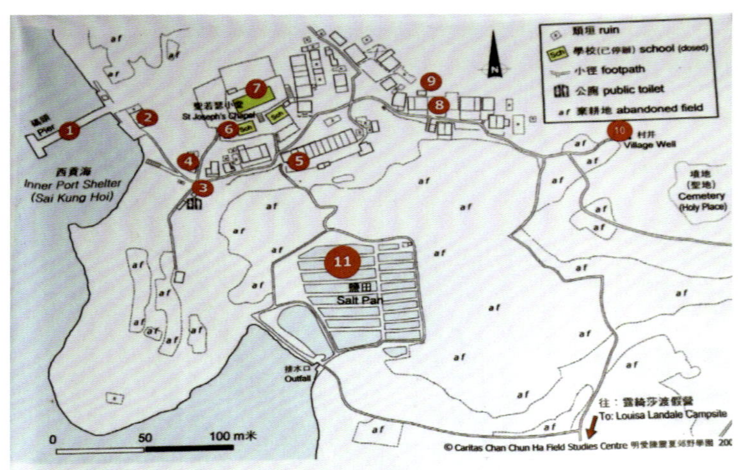

上　鹽田梓村民繪製地圖，方便遊人參觀島上各處景點，包括南面的鹽田。

下　鹽田梓沒有廟宇、祠堂和土地神，只有聖若瑟小堂，是島上唯一的西式建築。

上　聖言會的福若瑟神父於 1879 年來港時曾到鹽田梓傳教，借用村屋舉行彌撒，遺址現可供參觀。

下　福若瑟神父於 2003 年獲封聖人，是首位曾居香港的天主教聖人。聖若瑟小堂放置一座穿唐裝的聖像。

✠ 聖若瑟小堂

到了 1890 年，一所正式的聖堂在山丘上落成，名為「聖若瑟小堂」。外貌帶有鄉村式教堂的古樸味道，結構簡單，兩側外牆加上扶壁、正門有凸出門廊。室內排列木製跪座，聖所有一座緊貼牆壁的舊祭台，中央置有聖若瑟手抱小耶穌像，下方擺放聖體櫃。這是 1960 年代梵蒂岡第二次大公會議之前的設計式樣，祭台與信友席之間以圓拱分隔。

在天主教的耳濡目染下，鹽田梓先後出了兩位司鐸和五位修女，包括陳丹書神父和天主教香港教區現任副主教陳志明神父。陳神父的父親是鹽田梓居民，後來去了薄扶林太古樓工作，但陳志明在薄扶林出生，現今島上仍保留陳丹書神父的故居和陳神父的祖屋。

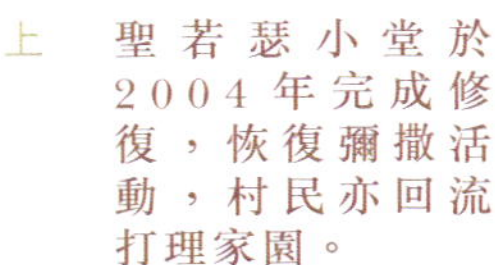

上　聖若瑟小堂於2004年完成修復，恢復彌撒活動，村民亦回流打理家園。

下　每年5月第一個星期日，鹽田梓村民在小堂舉行聖若瑟瞻禮，讓散居各地的村民聚首一堂。

鹽田梓衰落

二十世紀初產鹽走向現代化，外地產品大量進口，香港的鹽田陸續停產。鹽田梓的鹽田於1920年代結束，改作耕地，1960年代曾用作魚塘。

鹽田梓全盛時期有二百多名村民，六七十年代不少村民離開家園到市區或英國謀生，聖若瑟小堂停止恆常的崇拜活動。1998年最後一名村民遷出後，全島空無一人，房屋、教堂、耕地和魚塘均遭棄置。

島上設有墓地，但與新界其他原居民墓地有點不同，那裏的墓碑可見豎立十字架，透射出鹽田梓的宗教色彩。村民稱墓地為「聖地」，每年兩次回來掃墓。一次在清明節，另一次在 11 月（天主教的煉靈月），為煉獄中的亡靈祈禱。

陳氏族人過往只拜祭自己對上幾位祖先，久而久之已不知道開基祖陳孟德夫婦葬於何處。直至 1990 年代中，他們在鹽田梓毗鄰的滘西洲公眾高爾夫球場發現陳孟德之墓，2002 年重修，自此每年前往祭祖。他們先以傳統習俗在墳前上香，奉以燒豬和茶酒，插上鮮花。接着進行天主教掃墓禮，讀經祈禱，再行三鞠躬禮。其間沒有拜后土，沒有化寶，亦不燒爆竹。可見村民既遵從中國傳統，也重視天主教禮儀。

上　鹽田梓墓葬區大多數墳墓都有十字架標記，顯示這是一條教友村。

下　鹽田梓村民每年 11 月回鄉掃墓，先到滘西洲高爾夫球場旁邊的祖墳拜祭開基祖陳孟德夫婦。

✠ 村民回流復修

踏入二十一世紀，有村民從英國回流，看見故里破落，聖若瑟小堂荒廢，於是發起修復。他們向慈善基金申請撥款，又找建築師教友幫手，盡量保留聖堂原貌。2004 年完工，隨即恢復停頓多時的宗教活動。自此村民約定每年 5 月第一個星期日返回鹽田梓慶祝聖若瑟主保瞻禮，讓散居各地的村民重聚一堂，重溫昔日的愉快時光。每次舉行彌撒，都由陳志明副主教擔任主祭。

村民亦修復了聖若瑟小堂旁邊的澄波學校，該校始建於十九世紀中，1958 年重建，曾興盛一時，除了服務島上居民外，遠自西貢其他鄉村的兒童也前來就讀。但隨着村民逐一遷出，學校最終在 1997 年關閉。校舍現在改為文物陳列室，介紹鹽田梓的歷史，展示村民留下的農具、盛器和物件，讓人得知昔日鄉村面貌。展品包括一塊在島上發現的方格紋陶片，由考古家范旼澔博士於 2013 年發現，推斷屬東漢時代遺物，證明鹽田梓在二千年前已有人居住。

2007 年村民開始研究重建鹽田，以追憶先輩生活。在教友捐助和義工協助下，曾到台灣和汕頭考察傳統的產鹽方式，終於在鹽田遺址開

左　澄波學校曾是西貢沿海的知名學校，及後因村民遷離，最終在 1997 年關閉。
右　澄波學校現改為文物陳列室，展示村民過去的生活面貌。

上　鹽田舊址曾變成耕地和魚塘，最後無人打理而荒廢。

下　廢置了七十多年的鹽田經過重建後，現在可以生產鹽粒，讓遊人了解這個古老行業的運作。

闢了儲水池、蒸發池、鹵水池和結晶池，2015 年成功生產第一批鹽。這是香港唯一運作的鹽田，吸引許多人慕名而來認識製鹽過程。

聖若瑟小堂和鹽田先後修復，均獲得聯合國教科文組織的嘉許，2005 年和 2015 年分別奪得亞太區文化遺產保護獎的優良獎（Award of Merit）和傑出獎（Award of Distinction）。鹽田梓更是香港唯一獲得兩個聯合國保育獎項的地方，鹽田得獎令到「鹽田梓」名實相符，也促使小島再現生機。

本來已經沒落的村落，憑藉一間教堂修復而重生，村民陸續回來打理故居，舉辦宗教和生態導賞活動，讓外界認識這條古村。另外又與民間團體合作，在島上舉辦藝術裝置展覽，配合天然環境，吸引遊人前來參觀。✞

見證馬鞍山礦村變遷的教堂

馬鞍山盛產磁鐵礦，設有礦場。1949 年起，內地不同省份南下香港的新移民受聘在此採礦，他們不顧風險，只為賺取微薄收入糊口。當時港府的福利和教育服務尚未伸展至偏遠山區，有見及此，天主教方濟會與基督教信義會來到馬鞍山建立教堂和義學，派發物資和提供醫療，給予山上數以千計居民最基本的照顧，為他們解決心靈和生活上的困難。

✠ 馬鞍山採礦歷史

馬鞍山的採礦歷史可追溯至 1906 年，最初只是試掘。1931 年港府發出一個為期五十年的採礦牌照給華興礦務公司，採礦事業才正式開始。日本佔領香港時，曾招募千多名本地人在馬鞍山進行採礦。1949 年，台山人余榮金創辦大公洋行，承包了馬鞍山的採礦權，所得磁鐵礦運往日本製煉。

1953 年大公洋行與日本鐵礦業株式會社合作，引進新技術和資金，先後在海拔 240 米和 110 米的山體內開闢綿長的地下坑道，讓礦工深入採掘，令採礦效率大增，但工作亦相對危險。在上世紀五六十年代的高峰期，山上約有三千名礦工，連同家屬約五千人，他們搭建房屋居住，形成馬鞍山村。半山和山下碼頭區亦有不少新移民聚居，總數接近一萬人，形成「五湖四海一家親」的小社區。

✠ 天主教聖若瑟小堂

天主教的胡文義神父（Fr. Eleuther Van Hoye）曾長期在馬鞍山服務，他是比利時籍的方濟會士，曾在內地傳教，能操普通話。1951 年被逼離開中國內地，輾轉抵達香港，到馬鞍山牧養逃難來港的新移民，

上　從山上俯瞰馬鞍山村，頂端是聖若瑟小堂、神父樓和聖若瑟小學等建築群。

下　當年礦工進出的 110 ML 礦洞已封閉，附近有世界信義宗聯會興建的信義新村。

當時胡神父只有三十多歲。

方濟會在天主教福利會的幫助下，1952 年 4 月在馬鞍山礦場附近建立聖若瑟小堂，以哥德復興式設計，同年胡神父到來擔任聖若瑟小堂的主任司鐸。他見村民缺乏教育，便在教堂旁一個房間興辦免費義學，名為「聖若瑟小學校」，聘請來自華北的知識份子擔任老師，以普通話教育礦工子弟。又在山上設立診所，挑選受過教育的青年協助義診。

隨着山上人口漸多，服務需求日增，胡神父在 1954 年邀請「瑪利亞方濟各傳教修會」七位修女到來幫手，在診所旁邊興建聖母聖心會

上　馬鞍山礦場於1976年結束，天主教的聖若瑟小堂（後方）和信義會恩光堂（前方）亦完成歷史任務。

中左　天主教區已將聖若瑟小堂交回政府，現今長期圍封，未見維修。

中右　聖若瑟小堂空間廣闊，可以想像當年有許多信眾聽道。

下　天主教神父亦在山上開設學校，供礦工子弟就讀。

院。修女們在山區為村民診病、接生和任教，還不時徒步到山下購買日用品。霍文璽修女回憶說，當時她們年紀尚輕，熱情高漲，每天憑着辛勤和智慧工作，為此感到自豪。

1955 年 10 月胡神父在山下碼頭區建立聖方濟堂，1962 年興辦聖若瑟小學的分校，1971 年再在烏溪沙開辦學校，讓山下民眾也有機會接受牧養和教育。

✠ 信義會恩光堂

首先提議到馬鞍山傳播福音的基督教宣教士，是住在沙田道風山的美國信義宗豫中差會監督貝約翰牧師（Rev. John Bensen）。1950 年他派遣信義神學院三位學生到馬鞍山向南下香港生活的礦工傳道，最初在一間小木屋聚會和辦學，後來人數增多，1952 年獲差會資助興建禮拜堂，為村民提供教育、救濟、醫療及善工。教堂設計簡單，立面頂端有座小鐘樓，圓拱形門口兩旁各有一個圓拱窗。它與天主教的聖若瑟小堂同年成立，兩者相距不遠，共同為礦村服務。

1954 年香港信義會成立，這間禮拜堂於 1961 年命名為「信義會恩光堂」。首任牧師為賈永振，之後由河南人張子騫接手，一直服務至 1994 年退休。他將一生最寶貴的時間都奉獻給礦村，不辭勞苦為礦工服務，儼如馬鞍山的村長。他曾向港府爭取興建公共設施，改善生活環境，又為村民提供養雞、養豬和教育等支援。1963 年世界信義宗聯會在山麓 110ML 礦洞附近建立信義新村，有十六幢單層房屋，為礦工家庭解決居住問題。

恩光堂隔鄰設有「員工子弟信義學校」，為礦工子女提供免費教育。1952 年向政府註冊，更名「信義恩光小學」，三年後興建新校舍，之後轉為政府津貼學校。高峰期有一百名學生，不同年級學生在同一班房進行複式教學。其後在教堂附近加建幼稚園、救濟品儲存室、教職員宿舍和女職員宿舍，形成建築群。

上　未活化前的信義會恩光堂建築群，殘舊破落。

下　信義會恩光堂修復後，2015 年活化為「鞍山探索館」，展示礦村歷史和山上環境。

左　信義會恩光堂旁邊的信義學校，現在作為鞍山探索館的住宿地方。
右　恩光堂完成第二次修後，2024 年邀請以前的村民、老師和有關人士參加感恩祭。

✠ 礦場結束

七十年代，由於內地礦場出產的鐵礦質優價廉，西澳洲亦發現礦帶，產量比馬鞍山礦場多出超過一倍，加上本地運費成本高昂，令礦場難以維持。此時港府打算發展馬鞍山新市鎮，不欲延長採礦權，大公洋行決定在 1976 年停產。當採礦牌照於 1981 年屆滿後，香港的採礦事業正式劃上句號。這是香港少數尚存遺跡的礦場，礦洞現已封閉，禁止入內。

馬鞍山礦場結業後，礦工家庭陸續搬到市區居住，尋找新的工作，令礦村冷落蕭條。教會亦淡出，神職人員相繼離開，聖若瑟小堂和信義會恩光堂日漸破落。

方濟會於 1981 年將聖若瑟小堂交回香港教區，聖若瑟小學校停辦，港府撥地給教會在恆安邨興建新的聖若瑟小學，1986 年落成。隨着區內學童成長和需求增加，方濟會申請開辦馬鞍山聖若瑟中學，1996 年啟用。

位於山下碼頭區的聖方濟堂在八十年代因港府發展馬鞍山新市鎮而要拆卸，政府在恆光街撥地重建，其間方濟會借用聖若瑟小學作為彌撒中心。在眾人努力下，新的天主教聖方濟堂於 1996 年落成，由胡振中樞機祝聖，取代山上的聖若瑟小堂和山下的聖方濟彌撒中心。由於方濟會人手不足，1999 年將教堂管理權交回教區，同年山上的聖若瑟小堂舉行最後一場彌撒後正式完成歷史任務，交給政府處理。

礦場停產亦導致山上的信義會恩光堂和信義恩光小學結束，教會與沙田青少年中心合作，1977 年將部分建築物改為「恩青營」，供教友住宿和靜修。但 1999 年一場山泥傾瀉令建築物受到破損，由於缺乏資金繼續營運，恩青營因此關閉。

香港信義會曾於 1955 年在山下碼頭區設立信義海濱小學，提供免費教育和開展傳道工作。八十年代同樣因政府發展馬鞍山新市鎮而要清拆，獲政府撥地在恆安邨重建，1987 年建立馬鞍山信義學校，延續山上和碼頭區的信義學校工作。

✠ 保育舊教堂

馬鞍山上的恩光堂和舊校舍經過多年棄置後，信義會在 2012 年決定自資修復其中三座建築物，2015 年初活化為「鞍山探索館」，讓大眾重新認識這片被遺忘的地方，了解工業遺產、礦村生活、宗教建築及自然生態，令馬鞍山村重現生氣。市民可在新港城中心第四期地下乘坐的士或於鞍祿街村巴站乘坐 NR84 村巴前往山上的馬鞍山村。

及後發生社會事件、山火，及持續三年的疫情，鞍山探索館變得門庭冷落。信義會在發展局資助下，利用這段時間進行第二期修復工程，翻新其他建築物，更換屋頂的石棉瓦，2023 年完成。翌年邀請村民、前任信義恩光小學老師和有關人士回來參加感恩祭，並向一班不顧艱辛環境到山上任教的老師頒發禮物致意。

山上兩座教堂見證了被社會遺忘的礦工生活，同時反映不同教會為來港移民提供救濟的一段歷史，具有文物價值。古蹟辦近年將這兩座聖堂納入歷史建築評級名單，聖若瑟小堂建築群獲古諮會評為二級歷史建築，恩光堂評為三級歷史建築。後者已修復活化，重新注入生命。

上　位於馬鞍山恆光街的天主教聖方濟堂，源自 1955 年在山下碼頭區建立的聖方濟堂。

下　信義會在恆安邨開辦馬鞍山信義學校，延續馬鞍山碼頭信義海濱小學的使命。

● 鞍山探索館模擬 240 ML 礦洞，讓市民感受一下進入礦洞的氣氛。

但 1999 年停用的聖若瑟小堂，依然一直荒廢。教堂旁邊還有神父宿舍、辦公樓、學校和瑪利亞方濟各傳教修會住宅等建築物，昔日所用物料欠佳，部分以磚和石灰建成，因此結構並不穩固，在無人打理下更加速變差，希望政府能及早維修，將之納入「活化歷史建築伙伴計劃」，令它重現昔日光采。✞

新界西

New Territories West

新教在新界西傳教先鋒

英國租借新界之前，新界西部甚少西方人士踏足，原因是交通不便。1898 年英國租借新界後，傳教士開始來到這片廣闊土地，先行者是倫敦傳道會。該會於 1900 年推動道濟會堂的華人教友和愉寧堂（即佑寧堂）的西人教友合作成立新界傳道會，由威禮士牧師（Rev. Hebert Richmond Wells）主理，加強新界的傳道工作。

✠ 元朗堂肇基

倫敦傳道會差派灣仔堂華籍傳道人黃述芳隻身探路。他乘船經西貢佛堂門、吉澳轉入沙頭角，再往石湖墟，然後經古洞、新田抵達元朗。他見元朗有大型墟市，人口密集，民風純樸，是理想的佈道地點。1903 年租用元朗墟東門口（東頭村）一間舊屋設立福音堂，是為新界第一間堂址，1906 年興辦「真光書室」。他深感社會重男輕女，女子沒有機會接受教育，1915 年再加建房屋供女生就讀，名為「真光女校」，創新界女子教育的先河。

1918 年，長老會、倫敦傳道會和公理會等代表在南京開會，芻議三會合一，合力傳教。翌年，三會組成「中華基督教聯會」，後來有其

新界傳道會在元朗墟東門租屋作為佈道所，其後發展為元朗堂和真光學校，舊址房屋已拆卸重建。

上 中華基督教會元朗堂早期的青年信徒（圖片提供：中華基督教元朗堂）

下 屏信街元朗堂於 1960 年舉行新堂奠基典禮（圖片提供：中華基督教元朗堂）

他宗派加入。其宗旨認為教會必需自養、自治和自傳，才能使基督教在中國扎根傳揚。元朗福音堂於 1919 年擴建，易名為「中華基督教會元朗堂」。

新界傳道會於 1932 年將事工交中華基督教會廣東協會第六區會接手，翌年正式結束。元朗堂成為中華基督教會在新界第一間自養教堂，致力牧養元朗各地鄉民，包括贈送福音書或教導村民識字。宣教師的足跡遍及沙埔、壆圍、新田、洲頭、勒馬洲（落馬洲）、屏山、稔灣等地。當時新界尚未有完整公路，亦無汽車代步，傳教工作甚為艱苦。

五十年代有大量新移民湧入新界，元朗人口增加，教堂和校舍都不敷應用。中華基督教會在擊壤村旁（今屏信街）興建新堂，名為「中華

上　在屏信街的中華基督教會元朗堂於 1993 年重建，開基年份可追溯至 1898 年。
下　中華基督教會元朗堂的聖所設計像一個聖杯，中央有祭壇和十字架。

中華基督教會元朗堂曾在沙埔村民居設立佈道所，後來棄置，山牆仍保留十字架。

基督教會元朗堂」，1960 年啟用，取代元朗舊墟東頭村的舊堂。翌年興辦真光幼稚園，以禮拜堂權充課室，另在禮拜堂毗鄰興建小學校舍，1963 年落成，讓東頭村的真光書室和真光女校遷入，成為男女校。東頭村的舊校一直荒廢，至近年拆卸，重建為退休牧師住所。

中華基督教會元朗真光小學於 1999 年擴建新翼，因應轉為全日制，2006 年遷往元朗鐘聲徑。屏信街現在除了有 1993 年重建的元朗堂，還有真光幼稚園，及 2000 年落成的青年中心及幼兒園。今天已看不見元朗堂舊貌，但堂內有碑記說明其開基年份為 1898 年。

✠ 屯門堂和基督教墳場

新界傳道會於 1908 年在屯門創立青山福音堂，初時利用茅屋作為傳道基址。1920 年附設啟蒙館，學生不斷增加，1931 年新界傳道會倡議建校，獲教友馮耀彰兄弟捐資建立「拔臣學校」，紀念他們的父親馮拔臣。

上　中華基督教會屯門堂於 1908 年建立，1987 年遷至井財街現址。

下　屯門堂青山基督教墳場建於 1930 年，是新界第一座教會墳場。

上世紀三十年代後期，教會在新墟大街小山崗購地建堂，是該會在屯門的第一間教堂。七十年代政府發展屯門新市鎮，教堂拆卸，1987 年遷至井財街現址興建，稱為「中華基督教會屯門堂」。

另外，新界傳道會於 1930 年向港府申請在屯門井頭中村開闢墳場，供青山和元朗的基督徒下葬，時稱「新界屯門耶穌教墳場」，是新界最早出現的基督教墳場。其後由中華基督教會屯門堂管理，改稱「屯門堂青山基督教墳場」。

✠ 蔡廷鍇別墅

墳場附近有一座建於 1936 年的別墅，為抗日名將蔡廷鍇所有，名為「瀧江別墅」，別稱「芳園」，採用西式的裝飾藝術風格設計，天台則有中式小屋，別墅旁有涼亭和游泳池。蔡廷鍇因獲蔣介石重召北上抗日，別墅空置。1939 年借給廣東國民大學作為臨時校舍，1946 年 10 月借給中共開辦全日制高等院校，名為「達德學院」，培育在港的年輕人。別墅是學院主樓，另外還加建多座校舍，包括紅磚建造的女生宿舍，俗稱「紅樓」。

隨着中共在內戰節節取勝，港府擔心達德學院成為中共在港的基地，1949 年 2 月以「學校從事政治活動、有礙香港利益」為由，撤銷其註冊資格，達德學院僅維持了兩年四個月。

五十年代初，倫敦傳道會買了這物業，取名「何福堂會所」，紀念中國第二位華人牧師何福堂（何啟父親）。蔡廷鍇別墅改名「馬禮遜樓」，紀念第一位來華的新教傳教士馬禮遜（Robert Morrison）。「紅樓」改名「何福堂樓」。此外教會拆了一些樓房，興建飯堂、「梁發之家」、「馬可堂」和「伯大尼之家」等。曾借予中華基督教會香港區會作為女宣教師學校，1960 年成立「香港神學院」，其後併入崇基神學院。

「隱藏」在拔臣小學後面的舊達德學院本部大樓，最初是蔡廷鍇的別墅。

上　舊達德學院女生宿舍又名「紅樓」，中華基督教會購入後改名「何福堂會所」。

中　1950年代建成的馬可堂，至今結構穩固。

下左「梁發之家」是紀念中國近代第一位華人牧師梁發

下右「伯大尼之家」與馬可堂、「梁發之家」同期興建，均評為三級歷史建築。

1960 年倫敦傳道會以象徵式費用將何福堂會所（蔡廷鍇別墅）業權轉移給中華基督教會香港區會，供牧師和教徒退修之用。同年中華基督教會將拔臣學校遷至何福堂會所前面重建，1963 年再在會所範圍興建何福堂書院，是屯門區第一所中學，亦是屯門區校舍最大的學校。

中華基督教會於 2003 年向當局申請拆卸馬禮遜樓，引起社會注意，特別是達德學院舊生。政府馬上將之列為暫定古蹟，翌年引用《古物及古蹟條例》宣佈它為法定古蹟。這是政府首次未得業權人同意，單方面將私人建築物納入永久保護，阻止清拆。

馬禮遜樓在校舍包圍下，外面的人難以一睹其面貌。這座法定古蹟經歷住宅、學校和教會等不同用途，留下一段中國近代史和一頁香港教會史。但中華基督教會未有計劃活化這組建築群，亦以鄰近學校為由，一直不對外開放，令建築物棄置荒廢。

✠ 聖公會屯門傳教

另一個較早到新界傳教的教會是聖公會，霍約瑟牧師（Rev. Joseph Charles Hoare）於 1898 年就任維多利亞教區第四任會督，正值英國租借新界之年，因此他積極向新界佈道。1906 年 9 月 14 日，年屆五十五歲的霍約瑟帶領聖保羅書院四位華籍神學生乘船前往青山（屯門）宣道，9 月 18 日回程時遇上突如其來的颱風。他們所坐的船隻翻沉，霍約瑟與四名學生葬身大海，僅得兩名船員生還。天文台事前未有預告颱風來臨，以致香港傷亡慘重，史稱「丙午風災」。

● 聖公會維多利亞教區的霍約瑟主教在 1906 年於屯門宣道時突遇颱風，與四名學生葬身大海。

慘劇發生後，傳道工作沒有停止。有一批教友在青山山麓搭建草寮，向過路的人供應茶水，同時向他們傳福音。1935 年，李求恩會吏長倡議在屯門建堂，經他奔走下，獲何啟第三子

上　聖公會第一代青山聖彼得堂有九十年歷史，但沒有列入歷史建築評級名單。

下　第三代的聖公會青山聖彼得堂樓高五層，位於第一代聖堂毗鄰。

何永乾捐資，1937 年建成青山聖彼得堂，又名「何啟堂」，是聖公會在新界的第一所教堂。那是一座單層金字頂平房，前有遊廊和女兒牆。教會曾在此兼辦平民學校，名為「提多學校」。

戰後人口增加，1956 年興建第二代聖堂，仍是單層金字頂房屋，此時距離霍約瑟會督遇難五十周年。八十年代政府收地建造輕便鐵路，第二代的青山聖彼得堂拆卸，借用屯門鄉事會路的聖公會聖西門呂明才中學的小聖堂舉行崇拜活動。其後教友發起重建聖堂，1992 年在屯門興才街建成第三代聖堂，樓高五層。隔鄰仍保留第一代青山聖彼得堂舊址，現位於聖公會青山聖彼得堂幼稚園範圍內。✝

天主教新界西的傳教事業

英國租借新界之前，傳教士的活動範圍側重於新界東部。踏入二十世紀，開始向新界西拓展，重點是元朗墟。最先到來的是新教的傳教士，當青山公路建成後，天主教傳教士亦隨之而來，開路先鋒是宗座外方傳教會的穀祿師神父（Fr. Richard S. Brookes）。

✠ 元朗傳教起點

穀祿師神父於 1921 年來港，五年後擔任新界西鐸區首任司鐸，管轄範圍包括大埔、粉嶺、沙頭角、沙田、元朗、荃灣和離島等地。他懂得客家話，常到窮鄉僻壤的客家村落傳道，為村民排難解紛。元朗墟人口眾多，1927 年穀祿師神父在此墟旁的東頭村設立宿舍，以「聖伯多祿及聖保祿宗徒」為主保聖人，同時興辦私塾，後來發展為天主堂和天主教崇德學校。

1953 年天主教崇德學校與南邊圍的南溪福德堂結合辦學，名為「南溪天主教崇德小學」，至 2006 年結束，校舍給遵道幼稚園使用。舊校

昔日神父在元朗墟附近設立天主堂和學校，是天主教在新界西傳教之始。

舍仍在附近的東頭村，但空置多時，無人打理，顯得十分殘破了。

八鄉長莆村在 1928 年亦出現一座天主堂，名為「聖若望小堂」，奉獻給聖若望洗者（施洗約翰），該村第一批入教者就是在聖若望洗者的紀念日領洗。這是一座中西合璧的單層磚屋，設有閣樓，旁邊附有廚房。建堂費用為 1,500 元，當中三分一在本港募捐，其餘由意大利方面資助。聖堂除了用作崇拜，亦曾設立學校，給村內外的小孩就讀。

戰後社會環境改變，七十年代鄉村人口開始減少，聖若望小堂於八十年代停用。但聖堂並未拆卸，裏面可見緊貼牆壁的舊式祭台，呈現梵蒂岡第二次大公會議之前的設計式樣。

上　元朗八鄉長莆的聖若瑟小堂，融合中西設計，八十年代停用後長期棄置。

下　聖若瑟小堂保留「梵二」前的設計，聖所以圓拱分隔，祭台緊貼牆壁。

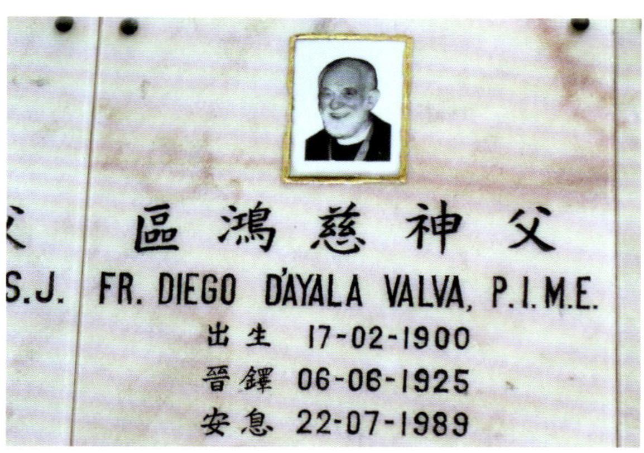

區鴻慈神父在新界服務多年，1989 年安息主懷，下葬跑馬地天主教墳場。

✠ 祠堂變聖堂

1932 年，宗座外方傳教會的區鴻慈神父（Fr. Valva Didacus D'Ayala）接替穀祿師神父擔任新界西鐸區主任司鐸。區神父留有大鬍子，為人慈祥和藹，談笑風生，那裏有他出現，就有笑聲，不少人受他影響而入教，包括八鄉金錢圍的村民。初期教友每週主日到長莆村的聖若望小堂參與彌撒，但路途不便。其後有村民願意把村中一座磚屋捐給教會作為聖堂，取名「鴻慈堂」，紀念區鴻慈神父。

後來鴻慈堂漸漸不能容納太多教友，便轉到不遠處的翰鵬鄭家祠進行崇拜。鄭氏村民原居於荃灣城門圍，因政府徵地興建城門水塘而離開家園，有部分於 1929 年獲遷徙此地建村，這座兩進式家祠便在當年建成。其後村民以三百元將祠堂按給教會，改稱「聖母七苦小堂」，屋頂加設十字架，原本放置室內的祖先牌位移放某村民家中，神父在側面牆壁設立祭台，懸掛聖母七苦畫像。這是新界罕有由祠堂轉為聖堂的例子，令中西文化共處一室。

戰後的 1962 年，教友黃文添捐出錦上路近吉慶圍一幅土地興建聖堂，1966 年落成，名為「聖猶達天主堂」，成為錦田八鄉一帶的彌撒中心。

聖猶達天主堂面積較大，可容納人數亦多，逐漸取代鄉村小聖堂的

上左　區鴻慈神父曾在金錢圍一間村屋舉行彌撒，取名「鴻慈堂」。其後教友增加，便借用後方的鄭氏翰鵬家祠。

上右　鄭氏翰鵬家祠用作聖堂，屋頂加上十字架，取名「聖母七苦小堂」。

下　現今鄭氏已收回祠堂，但沒有恢復拜祭祖先用途。

功能。六十年代，鄭氏族人以三百元向教會贖回祠堂，不再用作祈禱之所，但亦沒有恢復作祭祖用途，曾經設立幼稚園，至 1971 年停辦。現今祠堂內的祭台已拆去，屋頂和裏面牆壁仍保留十字架。過去每當有特別日子或村民領洗，神父會到來舉行彌撒。鴻慈堂亦沒有宗教活動，仍屬教會所有，借給村民擺放雜物。

✠ 聖伯多祿聖保祿堂

往後教友數目不斷增長，1953 年教區主管黃景賢神父開始籌建新聖堂，至 1958 年一座宏大的聖堂在元朗水邊圍對面落成，沿用元朗墟東頭村的舊堂名字，稱「聖伯多祿聖保祿堂」，12 月 18 日由天主教教廷傳信部署理部長雅靜安樞機（Cardinal Gregorio Pietro XV

上　隨着元朗人口增加，天主教會於 1966 年在錦田建立聖猶達天主堂。
下　聖猶達天主堂面積頗大，取代了周邊鄉村的小聖堂。

Agagianian）祝聖。教堂下層復辦崇德學校，稱「崇德英文書院」，是元朗區首間英文學校。教堂為天主教在元朗傳教揭開新一頁，學校於 1992 年遷往洪水橋繼續作育英才。

聖伯多祿聖保祿堂內有座漂亮的哥德式木雕祭台，緊貼聖所牆壁。

上　1958 年興建的聖伯多祿聖保祿堂是元朗最大型的天主堂，其後升格為堂區。

下　聖伯多祿聖保祿堂的哥德式祭台來自薄扶林納匝肋修院的小堂

它原本屬於法國巴黎外方傳教會在薄扶林的納匝肋修院小堂，修院在 1954 年售予香港大學後，將這座木雕祭台轉贈給新建的聖伯多祿聖保祿堂，讓它重見天日。「梵二」禮儀革新後，神父不再使用這祭台舉行彌撒，另在前方放置一張祭台。

✠ 洪水橋和天水圍

黃景賢神父於 1955 年在丹桂村租用兩間軍營式鐵皮半圓拱屋作為聖堂，名為「玫瑰小堂」，為該處教友舉行黃昏彌撒。1976 年新的玫

上　洪水橋的玫瑰小堂於1976年落成，落地玻璃窗有巨形十字架標誌。

下　隨着教友減少，玫瑰小堂每個月只舉行一場彌撒。

瑰堂落成，12月12日由胡振中主教揭幕祝聖，與天主教英賢學校為鄰（2007年已結束）。1998年政府在天水圍新市鎮批地興建聖堂，由於神職人員不足，2006年教區決定關閉玫瑰堂，但避免教堂破落，現在每月舉行一次感恩祭，並容許團體租用聖堂作靈修及活動之用。現今洪水橋正開始發展，相信不久將來，玫瑰堂會重現昔日光輝。

天水圍成為新市鎮後，教區銳意發展牧民工作，1993年瑪利諾修會的高培理神父（Fr. Vincent F. Corbelli）借用天主教培聖中學設立聖葉理諾彌撒中心。1998年政府批出土地興建新堂，2002年落成，名為「聖葉理諾堂」，由陳日君主教舉行獻堂禮。

上　天水圍成為新市鎮後，教區獲批土地興建聖葉理諾堂，2002 年落成。

下　聖葉理諾堂利用彩繪玻璃窗表達舊約和新約的聖經故事

✠ 屯門贖世主堂

青山（屯門）在 1935 年已有一座天主堂名叫「聖亞納堂」，附設明德學校。其時青山屬於元朗堂區，1960 年建立「青山堂區」，在屯門新墟興建聖若望洗者堂，方便更多人參與主日彌撒。1972 年底，教堂遷往新、舊墟之間的鄉事會路青山天主教小學旁，易名「贖世主堂」。

贖世主堂於 1973 年由徐誠斌主教祝聖，可容納數百人，外牆的巨

上　位於屯門新墟和舊墟之間的贖世主堂，外牆掃上聖母藍。

下　贖世主堂是屯門區教友主要聚會地方，祭台設計簡潔，懸掛耶穌復活像。

大十字架引人注目。昔日教堂前面還是波光粼粼，如今已變成繁盛的新市鎮了，距離港鐵屯門站只一箭之遙。

戰後鄉村人口結構改變，交通較以前便利，不少鄉村小聖堂逐漸停用，教友改到新市鎮的大教堂參與彌撒。上輋、竹坑、黃泥墩的聖堂已先後拆卸，重建成屋宇。元朗舊墟東頭村、長莆村的聖堂日久失修，變得破落，金錢圍的鴻慈堂亦缺乏維護。這些看似村屋的聖堂，見證了早年天主教傳教士深入鄉村佈道的歷史。✞

基督宗教在荃灣

中英《南京條約》簽訂後不久，便有天主教傳教士進入仍屬清廷管轄的新安縣（部分為今天的新界）傳道。1849 年華籍鍾神父由港島乘船到淺灣（今荃灣）建立堂址和學校，但因該處常有盜賊滋擾，於是轉到大埔建立傳教基地。1860 年，高雷門神父（Fr. Timoleone Raimondi）和梁神父曾到訪荃灣，也沒有開拓事工。

✠ 新教到荃灣札根

直至 1898 年英國租借新界後，才有傳教士到荃灣發展。新界傳道會「巡牧」威禮士牧師（Rev. Herbert Richmond Wells）於 1905 年在荃灣舊街（今四陂坊）租用一個舖位作為佈道所，名為「荃灣福音堂」，又創辦女子識字班，讓當地女子有機會讀書。同年威禮士牧師亦在川龍成立福音堂，這兩間都是荃灣最早的教堂。

幾年後教友增至五十多人，有耆老蒙主寵召，威禮士牧師於 1912 年向英倫理藩院（英國殖民地部）申請專用墳地，三年後獲港府撥出荃灣新村馬閃排（今西樓角道附近）約一萬平方呎山地作為教會墳場。

荃灣福音堂亦不敷應用，新界傳道會出資在「榕樹頭」（今街市街）建造新堂，1914 年落成後命名為「全完堂」。舊堂識字班的女生遷入上課，改為女子學校。戰後的 1947 年也招收男生，定名為「全完學校」。

關於全完堂之命名，早期有部分教會領袖希望以《聖經・馬太福音》第五章四十八節：「你們要完全」之句，取名「完全堂」。但有部分教友提議用「全完」之名，因為客家話「全完」與「荃灣」非常接近，既代表植根荃灣，亦兼具《聖經》中「完全」之意。幾經考慮，終以「全完堂」為名。

五十年大量內地人湧入香港，荃灣人口增加，政府繼觀塘後在荃灣

全完堂的命名來自「荃灣」的客家讀音

發展第二個衛星城市（後稱新市鎮），許多物業土地被政府徵收，包括街市街的全完堂和全完學校。1960 年它們獲遷至大屋街現址，兩者結合一起。新界傳道會在戰前已將事工移交中華基督教會香港區會，新落成的教堂和學校均冠上「中華基督教會」之名。

1976 年當局興建地鐵，要收回馬閃排的全完堂墳場土地，幾經磋商，港府同意在荃灣川龍響石一幅二萬平方呎的山地興建新墳場代替。1980 年先建紀念亭，暫時存放由舊墳場遷來的遺骨，直至 1983 年全完堂墓園啟用，才將遺骨遷葬墓地。

五十年代開始，到荃灣和葵涌開荒佈道的教會絡繹於途，早期有荃灣浸信會（1953 年）、宣道會荃灣堂（1956 年）、荃灣靈糧堂（1950 年代末）、循道衛理聯合教會亞斯理堂（1960 年）、禮賢會荃灣堂（1962 年）和聖公會荊冕堂（1965 年）等，他們傳播福音之餘，亦向居民提供各種援助，令教會發展日益壯大。

港府在荃灣川龍撥地給全完堂興建墓園，1980 年先建紀念亭存放舊墳地遷來的遺骨。

✠ 荃灣早期的天主堂

天主教會早年側重於新界東部傳教，西部（包括荃灣）的傳教足跡不多，直至 1926 年，恩理覺主教（Bishop Enrico Valtorta）將新界劃分為東鐸區和西鐸區後，情況始有改變。

東鐸區以西貢墟為中心，西鐸區以大埔墟為中心，範圍包括大埔、粉嶺、沙頭角、沙田、元朗、荃灣等地。西鐸區首位司鐸是穀祿師神父（Fr. Riccardo Brookes），1930 年他應要求在荃灣眾安街一間木屋設立堂址，每月到來主持聚會一次。穀神父能操客家話，但廣州話不流利，需靠教友轉達信息。

其後區鴻慈神父（Fr. Valva Didacus D'Ayala）接手西鐸區工作，在教友支持下於西樓角上海壩村（今綠楊新村 A 座）買地建堂，名為「荃灣聖心堂」，1934 年祝聖。又在教堂兩旁開辦小學，吸引鄉村兒童前來就讀，是荃灣第一間天主教小學。香港淪陷後，荃灣聖心堂及學校均告停頓。

戰後，區鴻慈神父向恩理覺主教要求將西鐸區一分為二，西部以元朗為中心，東部以大埔為中心，好讓教區派出更多司鐸到不同地區傳教。1947 年主教答應，不只分兩區，還增加荃灣區。區神父重返荃灣，召集他的得力助手，很快便將荃灣聖心堂回復常規，1954 年易名「耶穌聖心堂」。此外亦重辦小學，名為「德聲學校」。

五十年代荃灣人口不斷增加，聖心堂兼負濟貧角色，令神父百上加斤。1953 年，白英奇主教（Bishop Lorenzo Bianchi）成立天主教社會福利會（後稱「香港明愛」），專責為貧苦大眾提供救濟服務。1962 年在城門道開辦荃灣明愛服務中心，減輕了聖心堂的負擔。

✠ 葛達二聖堂

人口增多，教友亦倍增。聖心堂主任司鐸覃文華神父向教區建議興建新聖堂，但六十年代的香港經濟仍未騰飛，教區缺乏經費資助，幸獲德國埃森教區（Diocese of Essen）的主教及教友慷慨捐獻，1969 年在德華街建成新堂。為表感謝，教堂以埃森教區及其主教座堂的兩位主保聖人聖葛斯默（St. Cosmas）和聖達彌盎（St. Damian）為名，稱為「聖葛斯默及聖達彌盎堂」，簡稱「葛達二聖堂」。為邀請贊助者來港主持祝聖禮，所以聖堂延至 1971 年底揭幕。

葛達二聖堂為紀念埃森教區捐款建堂，以德國兩位聖人為名。

左　葛達二聖堂的祭台兩端可見兩位聖人塑像，穿上公元三百年的阿拉伯人裝束。

右　葛達二聖堂以活水設計洗禮池，背後的鑲嵌畫出自墨西哥天主教藝術家鮑博之手，描述耶穌在約旦河受洗。

這兩位聖人是阿拉伯的孖生兄弟，約生於公元 300 年，長大後都成為醫生。他們在敘利亞行醫，透過贈醫施藥傳揚福音。其時嚴禁人民信奉基督教，有人告發他們，結果控以惑眾罪而入獄。但他們堅守信念，寧死不屈，最後被判處斬首，雙雙殉道。葛達二聖堂鄰近仁濟醫院，現今每月舉行一場特別彌撒，為醫護人員及病弱者祈禱。

葛達二聖堂落成後，旁邊加建一所小學，名為「荃灣天主教小學」，其後再增建荃灣聖母幼稚園。三座建築物組成 U 字形，猶如耶穌張開手臂，歡迎各方人士入內。

✠ 聖母領報堂

其後政府收地興建地下鐵路荃灣線車廠，聖心堂和德聲學校在 1973 年拆卸。德聲學校的師生借用青衣的衞理信小學上課，1978 年再遷至葵涌祖堯邨，易名「祖堯天主教小學」。

為補償聖心堂的拆卸，政府將大河道附近土地撥給教會興建新堂。但教區認為該處與葛達二聖堂相距不遠，若多建立一間教堂，未能發揮

上　聖母領報堂罕有地用圓形設計，象徵母胎。

下　聖母領報堂有一幅大型鑲嵌畫描繪耶穌復活，兩旁有聖母、一眾宗徒和天神。

聖母領報堂有獨立的洗禮間，領洗者可步入水池中。

更大作用。因此提議在柴灣角荃景圍建堂，以便照顧該區以至深井的教友。政府批出土地後，王保誠神父（Fr. Francesco Conte）負起建堂的使命。

1993 年新堂落成，由胡振中樞機祝聖，名為「聖母領報堂」。教堂設計呈圓柱形，代表「圓滿無缺」或「無窮無盡」，亦象徵誕下耶穌的母胎。聖堂的信友席排成扇形，讓眾人聚焦於祭台。聖所牆壁有一幅巨大的鑲嵌畫，主題是「耶穌復活」，耶穌站在中央，手持勝利的旗幟，向高升起，兩旁是聖母瑪利亞和聖若望宗徒，外圍繪了其餘十一位宗徒和一眾天神，色彩艷麗豐富。兩側有六扇彩繪玻璃窗，主題是救恩奧蹟與教會的禮儀年。

聖母領報堂內罕有地有獨立的洗禮間，外形呈八角形，象徵復活。上方有透明天頂，下方是凹陷的長方形洗禮池，中央擺放八角形洗禮盆。周邊的彩繪玻璃窗以天主教聖事為主題。✞

其他

Others

遍佈離島的教堂

長洲很早已有人聚居，乾隆年間（十八世紀）建立墟市，是魚獲的集散地。香港開埠後，美國浸信會牧師粦為仁（Rev. William Dean）來港，之前他在曼谷的潮汕華人社群宣教，學會潮州話，1843 年與華人助手前往仍屬清廷管轄的長洲向潮州人傳講福音。1851 年浸信會將民房改為聖堂，並招收女童學習，這是離島區最早出現的聖堂和女子學校。

長洲早期的基督教堂

1898 年英國租借新界後，傳教士陸續到長洲開展事工。浸信會的高禮士牧師（Rev. Cowles）於 1918 年正式在長洲成立教會，今天在新興後街所見的浸信會堂於 1951 年重建，全幢以麻石建造，門窗飾以哥德式尖拱，富有歷史氣息。後來被樓房包圍，因而不受外界注意，沒有列入歷史建築評級名單。

為拓展新界和離島的傳教工作，倫敦傳道會聯同道濟會堂和愉寧堂組成「新界傳道會」，由威禮士牧師（Rev. Herbert Richmond Wells）擔任巡牧。1905 年 1 月，新界傳道會到長洲開展福音事工，先後借用浸信會的空置教堂、租用樓宇及借用教友在中興街的廣同發船廠作聚會

長洲浸信會在島上傳教甚久，現今的麻石教堂於 1951 年興建。

中華基督教會長洲堂由新界傳道會建立，歷史可追溯至 1905 年。

處，直到 1915 年租賃大新街 38 號地下單位開設基督教談道所，1918 年再租賃隔鄰舖位開辦端儀女校。

新界傳道會於 1933 年 3 月 29 日結束工作，原有的事工轉交中華基督教會廣東協會第六區會（後稱香港區會）接辦。長洲的基督教談道所和端儀女校歸入區會管理，1941 年有教友捐獻堂址，又有熱心人士捐款和提供建材，在學校路 14 號建立中華基督教會長洲堂，取代談道所。但落成不久香港便淪陷，教堂被日軍徵用，端儀女校停辦，戰後沒有復校。教堂由於損毀而不能修葺，遂於 1969 年重建，成為今天面貌。

長洲現存最古老的教堂建築是「中華便以利會長洲堂」，該教會受美國基督教奮興運動啟發，於 1914 年由美國傳教士李順牧師（Rev. Albert Kato Reiton）在九龍油蔴地建立，向漁民和普羅大眾傳揚福音。1934 年他差派女宣教士何秀馨（Sylvia Bancroft）和米非比姑娘到長洲佈道，借用教友的曬家艇舉行崇拜，後來租用新興街的鹽倉。隨着信眾增多，1936 年購地（學校路 1 號）興建教堂，同年落成。

整幢教堂以麻石鋪砌，屋頂有齒形矮牆，猶如城堡，在藍天下尤其動人。室內可見麻石牆壁，側門保留一條長長的木栓，橫亙在門板上，

上　中華便以利會於1934年在長洲建堂，是島上現存最舊的教堂建築。

下　中華便以利會長洲堂內部麻石處處，充滿古樸味道。

那是舊日的鎖門方式。教堂走過戰火歲月，幸好沒有受到破壞，亦未經歷重建，但至今沒有被列入歷史建築評級名單，一直被外界忽略。

1950年代，有大量內地人移居香港，長洲人口也增加，造就了宗教事業蓬勃發展。今天在島上所見的基督教堂，戰前成立的有長洲浸信會堂、中華基督教會長洲堂和中華便以利會長洲堂。戰後在長洲出現的基督教堂，較大的有長洲基督教永光會堂（1950 年）、金巴崙長老會長洲堂（1952 年）和宣道會長洲堂（1957 年）。

✠ 基督教在離島的事工

除了長洲之外，新界傳道會及後來的中華基督教會在其他島嶼亦建立多間教堂，包括大澳的雅各堂、沙螺灣堂、梅窩堂，以及南丫島榕樹灣的林馬堂，反映出這些地方有較多人口聚居，吸引傳教士到來開荒佈道。

除了傳播福音，新界傳道會及後來的中華基督教會亦在各地辦學，提供西式現代教育，包括上文提及的端儀女校，還有雅各堂於 1925 年創立的大澳學校（其後改名「中華基督教會大澳小學」）、沙螺灣的迪光學校、梅窩的嶼山女校等。另外，中華基督教會長洲堂於 1978 年接辦山頂道西的長洲女校（1935 年由盧恩信女士創辦），現名「中華基督教會長洲堂錦江小學」。

左　新界傳道會於 1919 年成立雅各堂，是大澳最早的教會。

右　沙螺灣堂於 1919 年建立，隨着村民遷出，2010 年代已經拆卸。

上 梅窩堂始建於1940年，現今所見的磚石教堂乃1958年重建。

下 南丫島的傳教活動較遲，現今的中華基督教會林馬堂位於住宅地下。

離島區早期的基督教堂

基督教堂	地址	興建年份	歷史建築評級
長洲浸信會堂	長洲新興後街 97 號	始於 1851 年，1951 年重建。	沒有列入評級名單
中華基督教會長洲堂	長洲學校路 14 號	始於 1905 年，1969 年重建。	沒有列入評級名單
中華基督教會雅各堂	大澳街市街 24－26 號	始於 1919 年，1949 年現址建堂，1963 年重建。	沒有列入評級名單
中華基督教會沙螺灣堂	沙螺灣村	始於 1919 年	2010 年代拆卸
中華便以利會長洲堂	長洲學校路 1 號	1936 年	沒有列入評級名單
中華基督教會梅窩堂	梅窩鄉事委員會路 49 號	始於 1940 年，1958 年重建。	沒有列入評級名單
中華基督教會林馬堂	南丫島榕樹灣寶華園 45 號	始於 1941 年，1980 年代遷現址。	未符合評級要求

✠ 天主教由大澳開始傳教

天主教傳教士較遲到離島服務，約 1923 年才有神父在大澳永安街建了一座天主堂，附設「育智學校」，結合教育傳揚福音。1937 年丁丑風災，教堂和學校被摧毀，教會購置太平街現址重建，其後取名「永助聖母小堂」和「永助學校」。1961 年重建永助學校時一併翻新小堂，外牆大部分哥德式建築特色和裝飾被拆掉，還好室內仍保留「梵二」前的哥德式祭台。1965 年曾有神父長駐大澳，並負責大嶼山其他鄉村的宗教服務。

隨着大澳人口減少，神父被安排到別處服務，永助學校於 2003 年因收生不足而結束，永助聖母小堂一度空置，2012 年修復後恢復舉行彌撒。此次修葺受到古蹟辦注意，2022 年將永助聖母小堂加入歷史建築評級名單，獲古諮會評為三級歷史建築，是離島區唯一獲得評級的教堂。

左　大澳的永助聖母小堂和永助學校於 1937 年重建，後期經過翻新變成現代樣貌。
右　永助聖母小堂內保留昔日的哥德式祭台

✠ 長洲的天主堂

天主教在離島區第二個傳教點是長洲，香港教區的恩理覺主教（Bishop Enrico Pascal Valtorta）於 1930 年代派遣神父到長洲牧民，初期在大新後街 245 號一間簡陋小屋聚會，神父每週六到來探訪教友，週日主持彌撒。戰後教友增多，1952 年在東灣（教堂路 1 號）建立「長洲花地瑪聖母堂」，所在街道命名為「教堂路」，隔鄰開辦聖心小學和聖心幼稚園。

教堂內有一尊購自葡萄牙花地瑪（Fatima）的聖母像，其身穿白袍，頭戴金冠，雙手掛着一串念珠合十祈禱，樣貌安祥。當時白英奇主教（Bishop Lorenzo Bianchi）接納宗座外方傳教會陸之樂（N. Ruggiero）神父建議，將教堂命名為「長洲花地瑪聖母堂」。

1961 年教堂完成擴建，可容納二百名教友。聖所有圓拱形龕位，擺放花地瑪聖母像，周邊寫上拉丁文：Magnificat Anima Mea, Dominum，即英文 My Soul Doth Magnify the Lord（我心尊主為大）。聖所頂端有鴿子雕刻，代表聖神降臨。教堂門外也有一座花地瑪聖母

上　長洲花地瑪聖母堂於 1952 年建成，所在街道命名「教堂路」。

下　擴建後的長洲花地瑪聖母堂，可容納二百名信眾。

像，置於中式亭子中，以百合花裝飾。每年 10 月其中一個星期日，長洲花地瑪聖母堂會舉行「光榮十字架及花地瑪聖母敬禮遊行」，有關情況可看第四章的「天主教出遊活動」一節。

✠ 離島其他天主堂

天主教在坪洲的傳教工作始於 1958 年，當年一位並不富裕的女傭把永興街 21 號的物業捐贈給教區作傳教之用。神父將之裝修成聖堂，名為「和平之后小堂」，由長洲花地瑪聖母堂區管理。其後聖堂不敷應

上　坪洲的和平之后小堂在1976年遷入圍仔街民居地下，正門和側牆寫上「天主堂」三字。

中　天主教神父於1966年在南丫島榕樹灣的露德聖母幼稚園旁開設小堂

下　位於梅窩橫塘村的耶穌聖嬰小堂，現已改為避靜中心。

用，1965 年教友轉往新建成的聖家學校舉行主日彌撒。1976 年購入園仔街遠東發展大廈地下連閣樓，用作聖堂和神父宿舍。和平之后小堂每年 10 月亦舉行聖母像出遊，行經坪洲主要街道。

南丫島亦在 1958 年開始有神父到來牧民，他是港島薄扶林露德聖母堂主任司鐸明之剛神父（Fr. Rene Chevalier），在榕樹灣開辦露德聖母幼稚園，1966 年在校園建立「南丫島小堂」，後改名「露德聖母小堂」。

大嶼山另一較多人口聚居的地方是梅窩，1970 年代有天主教信友團體在涌口街租用村屋作為聖堂，很快便應付不了需求。1980 年在附近的橫塘村興建新堂，名為「耶穌聖嬰小堂」，但位置有點遠離社區。其後教區購入梅窩碼頭路銀寶大廈地下和閣樓用作聖堂和神父宿舍，1988 年落成，胡振中主教將新聖堂命名為「主顯堂」，橫塘村的耶穌聖嬰小堂改為避靜中心。

大嶼山的東涌原是人口稀疏的村落，神父最初在教友家中舉行彌

上嶺皮村的東涌聖母訪親小堂，現用作舉行平日彌撒。

撒，1999 年轉到上嶺皮村的東涌彌撒中心。那是一座建於 1971 年的診所，其後改作「東涌聖母幼稚園」，2000 年改名「東涌聖母訪親小堂」。機場遷往赤鱲角後，東涌發展為新市鎮，教友激增，2001 年改在逸東邨新落成的東涌天主教學校禮堂舉行主日彌撒，上嶺皮村的聖母訪親小堂用作平日彌撒。教區有計劃在東涌興建一間新的聖堂，讓教友有永久的聚會場所。

大嶼山的神父過去要負責梅窩、東涌、大澳、坪洲和愉景灣的彌撒工作，經常分身不暇。2015 年香港主教公署頒佈法令，將大嶼山劃分兩個新堂區，主顯堂區負責南大嶼山、梅窩、坪洲和大澳，聖母訪親堂區負責北大嶼山、東涌和愉景灣，以減輕神父們的負擔。✞

離島區早期的天主堂

天主教堂	地址	興建年份	歷史建築評級
永助聖母小堂	大澳太平街 112 號	始於 1923 年，1937 年重建。	三級歷史建築
長洲花地瑪聖母堂	長洲教堂路 1 號	1952 年	沒有列入評級名單
和平之后小堂	坪洲圍仔街 15 號遠東發展大廈 E 座地下	始於 1958 年，1976 年遷現址。	未符合評級條件
露德聖母小堂	南丫島榕樹灣第三約第 1709 地段	1966 年	未符合評級條件
東涌聖母訪親小堂	東涌上嶺皮村 13 號	1999 年借用診所作為聖堂	未符合評級條件
耶穌聖嬰小堂	梅窩橫塘村 14 號	始於 1970 年代，1980 年遷現址。	未符合評級條件

天主教隱修院

歐洲中世紀興起隱修之風，修士或修女們在遠離人煙的地方建立隱修院（monastery 或 abbey），足不出戶，過着刻苦清貧的勞動生活，把自己完全奉獻給天主，專心為教會、為世界各地祈禱。隱修會猶如教會的心房，負責推動血液循環，產生動力。

香港有三座天主教隱修院，其中兩座在離島，分別是大嶼山的聖母神樂院（1951 年）及南丫島榕樹灣的寶尊隱修院（2000 年），另一座是赤柱的加爾默羅赤足隱修院（1937 年），在港歷史較長，是唯一獲得歷史建築評級的隱修院。隱修的神父、修士或修女盡量不與外界接觸，以免分心。加爾默羅赤足隱修院和聖母神樂院都設有自己的墓地，給隱修者安息後下葬。

✠ 加爾默羅赤足修會

加爾默羅隱修院（Carmelite Monastery）源於十二世紀末男女朝聖者在今日以色列海法的加爾默羅山（Mount Carmel）隱修，其後修會團體西遷歐洲，會規逐漸放寬。1562 年，西班牙亞維拉的德蘭（Teresa of Avila）聯同神師十字若望（John of the Cross）在亞維拉建立第一間加爾默羅赤足修會，恢復早期隱修士的神修理想，身穿布衣，赤腳或穿涼鞋，過着禁院式的默觀生活。亞維拉的德蘭於 1582 年逝世，四十年後獲教宗封聖，又稱「聖女耶穌德蘭」（St. Teresa of Jesus），後人稱「聖女大德蘭」，以區別十九世紀的聖女「小德蘭」（St. Teresa of the Child Jesus）。

加爾默羅隱修院的會祖為十六世紀的聖女耶穌德蘭

上　加爾默羅隱修院的設計採用簡約風格，配合修院的低調性格，外牆的白色三角構件為聖堂窗門。

下　修院四周被建築物和磚牆包圍，與外界隔開，自成一國。

1931 年 3 月，加爾默羅修女從比利時乘船出發，經香港前往廣州籌劃建院。兩年後修院遷至香港，租用羅便臣道 75 號房屋作為臨時居所，後來在赤柱覓得地方建院，1937 年 4 月落成，恩理覺主教（Bishop Enrico Pascal Valtorta）恭迎聖體進入修院。自此修女們一生住在禁院，每日都過着規律生活，包括參與彌撒、進行七次誦念日課，以及早晚各一小時默禱，其他時間從事不同的勞動工作，只有生病才會出外就診。

這座隱修院由比利時的義品地產公司（Credit Foncier d'Extreme-Orient）設計，擺脫過往常見的教會風格，採用當時盛行簡約的現代主義，沒有太多裝飾，配合隱修院的低調性格。外牆鋪上棕啡色磚，配合修會的會衣顏色。整體建築呈 U 字形佈局，中央是庭園和種植園，向

上　修院聖堂呈長方形，神父主持彌撒時，祭台側面的木門會打開，修女所坐的空間與信友席不能互望。

下　修院聖堂在星期日舉行彌撒，許多教友專程到來參加。

佳美道（Carmel Road）一方建了磚牆分隔。

由赤柱村道望向隱修院，可見屋頂豎立一支白色石柱，頂接十字架，彷彿觸及天際。外牆排列了七扇鑲了顏色玻璃的大窗，每個窗頂端有巨形的白色三角構件，模仿哥德式的尖拱，這部分是隱修院的小堂。神父在正方形的祭台舉行彌撒，面向信眾席，右手邊是修女身處的禁院，有鐵柵和木門分隔，當有彌撒進行才會打開，此時神父可轉身朝向修女，但信眾則看不見她們。

早年赤柱人煙稀少，居民以捕魚為生。今天的赤柱已變成旅遊勝地，遊客紛之沓來。還好加爾默羅隱修院所在位置偏離鬧區，四面有高牆包圍，依然保持寧靜環境。古諮會已將之評為三級歷史建築，可能因為隱修院沒有開放給古諮會成員參觀，而不了解其中價值，以致評級偏低。

上左 聖母神樂院建於偏僻的大嶼山大水坑，面向對岸的坪洲。

上右 從遠處眺望聖母神樂院，牆身有 TM 兩個字母，代表 Trappist Monastery（嚴規熙篤會修院）。

下 以麻石築砌的聖母神樂院，頗有中世紀味道。

✠ 大嶼山聖母神樂院

位於大嶼山大水坑、由嚴規熙篤會（Trappist）建立的聖母神樂院是一間男性隱修院。該會是法國熙篤會（Cistercians）一支，重視虔修生活，按照本篤會會祖聖本篤（St Benedict of Nursia）的會規生活，遠離塵俗，足不出戶，儉樸克己，靠耕種及做手工製品維持生活。他們經常保持靜默獨處，鮮與別人交談，又稱「啞巴會」。

十九世紀末，嚴規熙篤會來到中國建院，1928 年在河北省正定縣成立聖母神樂院。1947 年 9 月因政局動盪遷往四川，兩年後再遷香港。

1951 年在人煙稀少的大水坑山坡覓得土地重建聖母神樂院，繼續過隱修生活。

他們每日凌晨三時起床，之後開始「更課」，上午八時半勞動。一天共有七次禱告讀經，晚上七時半完成「寢前經」後就寢。每日大部分時間用在祈禱、勞動和讀書，只有唱聖詩和討論神學的時候才有機會開口說話。

聖母神樂院有一座以花崗石築砌的聖堂，1955 年落成，附有鐘樓，遠在坪洲亦可見到。面海的牆壁寫上 TM 兩個字母，代表 Trappist Monastery（嚴規熙篤會隱修院）。這是聖母神樂院的英文舊稱，2000 年院方將英文名字改為 Our Lady of Joy Abbey。

聖堂秉承簡樸作風，外貌沒有裝飾。內部呈長方形，富有中世紀味道，兩側闢有拱門長廊，上方襯以一列圓拱窗。聖堂盡頭懸掛耶穌十架苦像與聖母的圖像，中殿兩旁各擺放兩排舊式木椅，供神父和修士祈禱之用，中間留出大片空間，佈局有別於現代教堂。此聖堂已有七十年歷史，但尚未列入歷史建築評級名單。

聖堂外面有一條橋連接花園，名為「永援聖母橋」，1960 年建成。花園的門樓富有中世紀味道，配以拉丁文，前面是 PAX

聖母神樂院聖堂門外擺放本篤會會祖聖本篤像，熙篤會嚴格遵守本篤會會規。

聖母神樂院聖堂的設計與別不同，座位在兩側排列，中間留出寬闊通道。

INTRANTIBUS，後面是 SALUS EXEUNTIBUS，意謂「進入者得平安，離開者享安樂」。

花園內的聖母亭於 1979 年建成，以中式設計，六角攢尖頂，外有六角形圍欄，圍欄上的裝飾圖案由 A 和 M 兩個英文字母組成，代表「萬福瑪利亞」（Ave Maria）。亭中放置法蒂瑪（花地瑪）聖母像，兩旁刻了中文對聯：「靈形迭現，法蒂瑪牧童聆訓；慈光普照，大嶼山隱士獻身」。採用「慈光普照」四字，是有意將聖母比作華人熟悉的觀音，將天主教融入本地文化中。

1960 年代初，有熱心教友贈送乳牛給神樂院的神父和修士飼養，供應牛奶飲用。其後他們開始繁殖乳牛，自行生產「十字牌」牛奶（Trappist Dairy）售賣，享譽一時。隨着神父和修士年紀漸大，院方在 1980 年代末把「十字牌」的經營理念託付給一間廠房生產牛奶。今天在神樂院已沒有牛隻，只留下一些牛房遺跡。

聖母神樂院平日甚為寧靜，但每年耶穌受難日，就有不少教徒遠道而來，參加朝拜十字架敬禮。禮儀結束後，部分教友隨聖母神樂院的神父和修士步行下山到碼頭，開始苦路崇拜。該院開闢了一條戶外苦路，由碼頭伸延至永援聖母橋，途中挑選十四棵大樹掛了十字架，分別寫了「判決」、「迎架」、「跌倒」、「遇母」、「分擔」、「印容」、「重

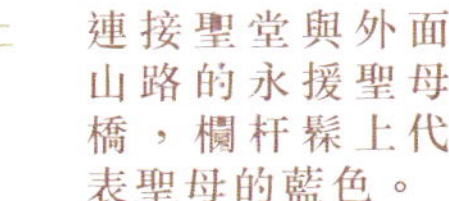

上　連接聖堂與外面山路的永援聖母橋，欄杆髹上代表聖母的藍色。

中　聖堂外面的聖母花園，門樓以拉丁文書寫，前面是「進入者得平安」，後面是「離開者享安樂」。

下　聖母花園的聖母亭具中式風格，內置花地瑪聖母像。

跌」、「叮嚀」、「摔倒」、「剝衣」、「被釘」、「懸架」、「卸屍」和「安葬」等字，講述耶穌受難事蹟。神學院在永援聖母橋加設第十五站「復活」，表達耶穌死亡只是過程，復活才是終極目的。

上　舉行彌撒時，神父和修士穿上白袍和黑色聖衣，赤足步入聖堂。

下左　教友脫去鞋子進入聖堂，一步一叩拜到祭台親吻苦難十架。

下右　耶穌受難日拜苦路，聖母神樂院的神父帶領教友沿山路行走，到各站停留讀經和默想。

✠ 南丫島寶尊隱修院

1958 年，薄扶林太古樓露德聖母堂的司鐸明之剛神父（Fr. Rene Chevalier）到南丫島榕樹灣開辦露德聖母幼稚園，1966 年在校內建立「南丫島小堂」，後改名「露德聖母小堂」，這是南丫島第一間天主堂。

1972 年教區委派天神之后傳教女修會負責幼稚園的工作，修女住在幼稚園旁的房屋，其後由本地教師接手，房屋空置。2000 年，聖佳蘭隱修院一批菲律賓籍修女遷入，設立寶尊隱修院（Portiuncula Monastery）。

聖佳蘭隱修院以十三世紀的意大利亞西西的修女佳蘭（Clare of Assisi）為名，她出身於富裕貴族家庭，十七歲那年在街頭聽到亞西西的方濟各（Francis of Assisi）講道，大受感動。當時方濟各剛創立「小兄弟會」（又稱「方濟會」），佳蘭決定放棄世俗榮華，前往寶尊堂（Portiuncula）追隨方濟各。

1212 年，年僅十八歲的佳蘭在聖達勉堂創立「貧窮姊妹會」，又稱「聖佳蘭隱修會」（Order of Saint Clare），以貧窮、貞潔和隱修的生活侍奉天主，為世人祈禱，啟發許多女青年加入，是為方濟家庭的第二會。

聖佳蘭隱修會其後在世界各地設立分會，1621 年有六名修女由西班牙乘船到菲律賓建立會院，1633 年應方濟家庭的第三會「在俗方濟會」要求，派遣六名修女前往澳門設立隱修院，直至 1875 年結束，院址改為聖羅撒學校。

菲律賓的聖佳蘭隱修會仍然持續，2000 年有幾名修女前往南丫島露德聖母小堂建立寶尊隱修院，在港的方濟會司鐸不定期到來為修女舉行彌撒。香港方濟大家庭（包括方濟會、聖佳蘭隱修會和在俗方濟會等）曾於四旬期內在島上舉行拜苦路，途中在十四處地方讀經和默想。✞

上　聖佳蘭隱修院一批菲律賓修女於 2000 年遷入南丫島的露德聖母小堂旁邊的房屋，成立寶尊隱修院。

下　寶尊隱修院的修女每日祈禱和朝拜聖體，也做些手作託教友銷售。

主祭和輔祭手持燭光步入漆黑的聖瑪加利大堂，為教友燃亮手上的蠟燭。

第四章　基督宗教節日

基督宗教的主要節期

教會每年有持續不斷的節日，其中兩段節期尤為重要，一段以復活節（Easter）為核心的四旬期和復活期，一段以聖誕節（Christmas）為核心的將臨期和聖誕期。前者紀念耶穌受難和復活，後者紀念耶穌降生。

✠ 復活節的日期

《聖經》記載，耶穌受難前與十二門徒在耶路撒冷進食逾越節晚餐（最後的晚餐），聖經學者推斷當晚是星期四，飯後耶穌因門徒猶大出賣而被捕。星期五早上耶穌被釘十字架，延至下午斷氣，有人將其遺體葬於附近洞穴中。按猶太人習慣，日落後進入第二天，《聖經》記載第三天（星期六傍晚開始）有婦女發現洞穴空空如也，天使說耶穌已經復活。

逾越節（Passover 或 Paschal）是紀念三千多年前摩西（Moses）帶領以色列人離開埃及的事件，日期在猶太曆尼散月第十五日，即春分（公曆 3 月 20 日或 21 日）後第一個滿月。

公元 325 年，信奉基督宗教的羅馬皇帝君士坦丁大帝（Constantine the Great）在尼西亞召開第一次大公會議，將復活節定在春分後第一個滿月之後的星期日。如果月圓那天是星期日，復活節便延後一週，每年復活節總在 3 月 22 日至 4 月 25 日之間。復活節前兩天（星期五）是受難日，日子與猶太人的逾越節接近。

✠ 塗灰和禁欲

教會將復活節前的四十天（不包括星期日）稱為「四旬期」（Lent），聖公會稱「大齋期」，信義宗稱「預苦期」，紀念耶穌在曠野禁食四十晝夜，其間擊退撒旦誘惑。這是教友齋戒、悔改的日子，以迎接復活節來臨。天主教和聖公會的教堂於四旬期內用紫布鋪在祭台上，紫色象徵懺悔、警醒和禁戒。

Lent 的原意解作「擁有春天氣息」，四旬期有時候與中國農曆新年重疊。兩個節日都有除舊迎新的意味，分別在於一個是禁欲，一個是歡慶。

九龍佑寧堂在四旬期掛上一面有八幅圖案的旗幟，講述最後的晚餐和耶穌受難。

四旬期第一天在星期三，天主教稱為「聖灰瞻禮日」（Ash Wednesday），聖公會稱「大齋首日」，是日晚上進行塗灰禮。教會預先把上一年棕枝主日（Palm Sunday）祝聖的棕櫚枝或類似樹枝燒成灰燼，在大齋首日（聖灰日）以劃十字方式塗在信徒的額頭上，並引用《舊約聖經》〈創世記〉提醒信徒：「你本是塵土，仍要歸於塵土。」

灰在《舊約聖經》是懺罪悔改的標記，塗灰是告訴世人，生命如灰燼般脆弱和短暫，要及早悔改更新，遠離罪惡。

天主教會鼓勵十四歲以上的教友，在聖灰日和耶穌受難日這兩天守小齋（abstinence），不吃熱血動物的肉。十八至五十九歲的成年教友

左　聖三一座堂燃燒棕枝，所得灰燼在聖灰日給信徒塗灰。
右　聖約翰座堂的牧師在聖灰日在教友額頭上塗灰

除了在這兩天守小齋外，還要守大齋（fast），只飽吃一餐，其他兩餐進食半飽，以體會耶穌苦難，但病人、孕婦和勞動工作者不在此限。如果聖灰日與農曆新年相遇，可豁免當天守大小齋的規定。

虔誠教友在四旬期內奉行簡樸生活，除了節制飲食，亦暫停旅遊、娛樂和歡慶活動，不舉行婚禮，以清心寡欲之心祈禱，懷着懺悔心情檢視自己的行為，反省過錯，祈求赦免。

✠ 聖週活動

四旬期最後一個星期名為「聖週」（Holy Week），紀念耶穌在世最後幾天所完成的救贖奧蹟，由耶穌榮進耶路撒冷，直至受苦、死亡和復活。

《聖經》記載，逾越節前夕，耶穌與門徒前往耶路撒冷準備過節，吩咐門徒向村民借來一頭小驢，然後騎驢駒入城。由於民眾聽聞耶穌在伯大尼（Bethany）行神蹟，令拉撒路復活，因此許多人脱掉上衣，鋪在路面讓耶穌騎驢走過，亦有些人把棕櫚枝或其他樹枝砍下，拿在手中搖動，歡迎耶穌進城。自此棕櫚枝被視為擁戴耶穌的象徵，亦代表戰勝死亡。

● 在聖枝主日，玫瑰堂的主祭和輔祭從外面步入聖堂，教友揮動棕枝歡迎。

聖經專家推斷，耶穌騎驢駒進入耶路撒冷城那天是星期日，即聖週的第一天，天主教叫「聖枝主日」（Palm Sunday），聖公會叫「棕枝主日」。有部分教堂舉行聖枝巡遊，重演耶穌「榮進聖城」一幕，詳情可看「天主教出遊活動」一節。

大多數教會的教友在教堂外面集合，再魚貫進堂。若因地理環境所限，教堂外未能容納太多教友，便只有神職人員和輔祭從外面列隊進堂，會眾在教堂內揮動棕枝歡迎。

之後幾日沒有特別活動，到聖週四、五和六，天主教堂舉行「逾越節三日慶典」（Easter Triduum），紀念耶穌苦難、死亡和復活，這是教會禮儀年最神聖的日子，其中以守夜禮為高潮。

天主教逾越節三日慶典

聖週四	主的晚餐（The Lord's Supper），又稱濯足日（Maundy Thursday）。	晚上神父為教友濯足，之後舉行「主的晚餐」彌撒。
聖週五	耶穌受難日（Good Friday）	敬拜苦路、朝拜十字架，進行「救主受難紀念」。
聖週六	逾越節守夜禮（Paschal Vigil）	晚上燃點復活蠟燭，之後為候洗者舉行入門聖事。

✠ 最後的晚餐

猶太曆尼散月第十四日下午，耶穌與十二門徒進入耶路撒冷城，傍晚在一幢樓房上層共進逾越節晚餐。〈約翰福音〉記載，進餐之前，耶穌脫了衣服，拿一條手巾束腰，隨後把水倒在盆裏，洗門徒的腳，並用自己所束的手巾擦乾。在耶穌的年代，為別人洗腳的工作由奴隸或僕婢去做，但耶穌卻為門徒洗腳。〈約翰福音〉引述耶穌一句說話解釋：「我給你們立了榜樣，叫你們也照我給你們所做的去做。」

〈馬可福音〉記載，耶穌在逾越節晚餐拿起餅來，祝了福，就擘開，遞給門徒說：「你們拿着吃，這是我的身體」；又拿起杯（內有葡萄酒），

上　聖瑪加利大堂舉行濯足禮，神父為教友倒水洗腳，效法耶穌服務他人。
下　耶穌受難日當天，天主教堂以布遮蔽聖像，下午舉行朝拜十字架儀式。

祝謝了，遞給他們；他們都喝了。耶穌說：「這是我立約的血，為多人流出來的。」今日天主教會每次舉行彌撒都重複耶穌在最後的晚餐所建立的聖體聖事，神父在祭台祝聖無酵餅和葡萄酒，然後分給教友，代表基督的身體和血與教友合而為一。

聖經專家推算耶穌與門徒吃逾越節晚餐那一天是星期四，天主教會在這天舉行濯足禮和「主的晚餐」彌撒，紀念耶穌為門徒洗腳及設立聖餐。在跑馬地的聖瑪加利大堂，祭台前擺放十二張櫈，櫈下有盆。十二位事先選定的教友坐下，過去只有男教友參與，現今女教友亦見其中。神父逐一跪在教友面前為他們倒水濯足，再用毛巾擦乾，其間詩班詠唱聖歌。

灣仔的聖母聖衣堂也有同樣活動，主祭和輔祭人員拿着盆、水瓶和紙巾走到信友席，為多名教友濯足，並誦讀《聖經》有關耶穌為門徒洗腳的章節，鼓勵教友效法耶穌不計尊卑服務他人，彼此相愛。

✠ 耶穌受難日

《聖經》記載，耶穌在最後的晚餐中預告有一名門徒背叛，餐後耶穌獨自到橄欖山下的客西馬尼園禱告，其間猶大帶領警衛到來抓拿耶穌。翌日（星期五）早上，猶太公會將耶穌交給羅馬行省總督彼拉多（Pontius Pilate）審判，最後判以死刑。耶穌背負十字架步往加爾瓦略山（Calvary，亞蘭文 Golgotha，譯作「各各他山」或「髑髏地」），在山上被釘十字架，下午三時斷氣，後人稱此日為「耶穌受難日」。

聖週五，天主教和聖公會用布（多是紫色）覆蓋教堂內的耶穌十架像和其他聖像，讓教友默想耶穌的苦難，紀念耶穌為世人釘十字架。祭台不鋪布，亦不放置任何東西，蠟燭台不燃點蠟燭。聖體櫃打開，裏面是空的，代表耶穌此刻已死。

上　海星堂的神職人員逐一朝拜十四處「苦路」，帶領教友誦經和默想，重溫耶穌由審判至死亡的過程。

下　聖公會聖馬太堂和聖保羅堂的教友於耶穌受難日在赤柱拜苦路，途經赤柱軍人墳場。

是日天主教堂先舉行敬拜苦路，下午或晚上進行救主受難紀念，教友輪流朝拜耶穌十架苦像。神職人員在教堂內逐一行經十四處苦路畫像或雕刻，帶領教友誦經和默想，重溫耶穌由審判至埋葬的過程。大嶼山聖母神樂院有一條香港少見的戶外苦路，受難日有大批教友前來朝拜。有關情況可看「天主教隱修院」一節。

疫情前，聖公會聖保羅堂和聖馬太堂的教友每年聯合舉行戶外朝拜苦路，他們選擇不同路線行走，包括赤柱、中上環和東涌等地，途中選定十四處地點停下唱詩和祈禱，讓教友反省，激發心靈革新。

✠ 逾越節守夜禮

到了聖週六，所有被布覆蓋的聖像重新顯露出來。晚上舉行逾越節守夜禮，迎接耶穌復活。

在聖瑪加利大堂，守夜禮開始時教堂內外的燈光都關掉。門外置有火盆，主祭祝聖火盆後，燃點一支全新的復活蠟燭，代表耶穌戰勝黑暗而復活。主祭在蠟燭上插入五枚乳香釘，象徵耶穌五傷。之後和輔祭人員步入漆黑的教堂，將復活蠟燭的燭火傳遞到信眾手上的蠟燭，分享基督復活之光。眾人在微弱的燭光下誦讀經文，讀畢教堂亮燈和鳴鐘，寓意基督復活的光輝照亮至聖之夜。

當晚也是候洗者領受「洗禮」、「堅振」、「聖體」的日子，稱為「入門聖事」。神父將用扇貝或水樽將洗禮池的水逐一倒在候洗者頭上，之後將聖油傅其額頭，並施覆手禮，使其得到聖神力量。領了洗的教徒可從他們的代父母手中接過燭光，正式加入教會，之後可以參與領聖體。

以往的守夜禮直至翌日（星期日）凌晨，現今縮減時間，到晚上十時許結束，每間教會在程序上有少許不同。新教教會一般在星期日早上舉行復活節崇拜活動。

過了復活節後，還有多個節日接續而來，包括復活節後第四十天的耶穌升天節（Ascension Thursday），紀念耶穌在其門徒和母親瑪利亞面前升天。復活節後第五十天是聖靈降臨節（Whit Sunday），又稱「五旬節」（Pentecost），紀念耶穌的門徒領受聖神後開始到各地傳播福音，至此復活期結束。

左　聖瑪加利大堂神父在逾越節守夜禮開始前，為新的復活蠟燭插上五枚乳香釘，並為復活蠟燭祝聖。

右　神父在逾越節守夜禮為候洗者施洗，正式加入教會成為教友。

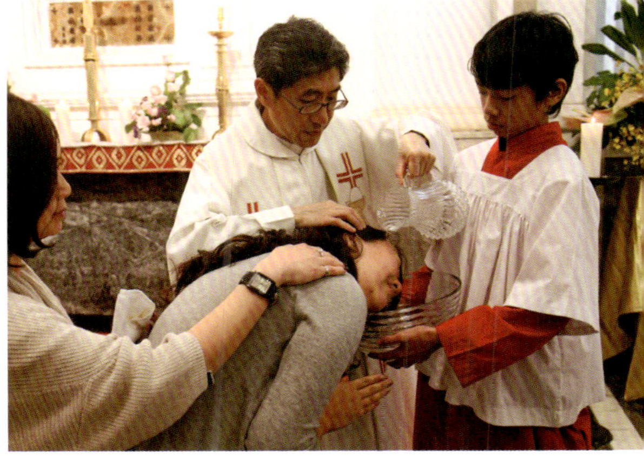

將臨期

基督宗教另一個主要節期是聖誕期及之前的將臨期（Advent），將聖誕節推前四個星期日，第一天就是將臨期開始，教友準備迎接耶穌降生。教堂在將臨期換上紫色佈置，紫色除了代表醒悟和懺悔，亦有期盼基督來臨之意。

聖誕節前的將臨期，天主教堂擺放將臨環，上面插了四支蠟燭，每個星期日燃點一支。

在天主教和聖公會的教堂，除了有馬槽佈置，在祭台附近還放了「將臨環」（Advent Wreath），即將臨期花環。這是用常青樹葉做成的圓環，象徵永恆，無始無終。天主教的將臨環插上四支蠟燭，三支紫色，一支粉紅色，將臨期內每個星期日燃點一支（第三個星期日燃點粉紅色蠟燭），分別代表醒悟、悔改、喜樂和平安，象徵基督之光逐步驅除黑暗。聖公會的將臨環插上五支蠟燭，周圍也是三支紫色一支粉紅色，中央多一支白色蠟燭，在平安夜燃點，表示基督降臨。按猶太曆法計算，聖誕日由 12 月 24 日平安夜開始，直至 12 月 25 日。

平安夜

教堂在聖誕期用白色或金色，象徵喜樂、光明和歡愉，表示耶穌已經來了。Christmas 是 the Mass of Christ 之意，教友在彌撒中慶祝耶穌誕生。

《聖經》並無記載耶穌的出生日期，公元四世紀，羅馬教會將 12 月 25 日羅馬帝國的太陽神節作為耶穌降生節，這天也是羅馬曆書的冬至，夜晚最長的一天，之後日晝逐漸增長。羅馬教會在此日慶祝耶穌誕生，既將耶穌比喻為永恆的太陽，同時亦希望移風易俗，讓異教徒慶祝聖誕節。

上　聖保羅堂在平安夜崇拜開始時，關掉全場燈光，誦唱聖詩。

中　教友點亮將臨環中間的白色蠟燭，代表基督降臨。

下　聖母無原罪主教座堂每年舉行子夜彌撒都座無虛席

天主教堂在平安夜舉行聖誕子夜彌撒，當中以堅道的聖母無原罪主教座堂最多人參與。晚上 8 時先進行英文彌撒，午夜 12 時開始中文子夜彌撒，直至凌晨 1 時許。這是最多教友聚集的時刻，教堂內外都擠滿人。

當晚聖公會的教堂舉行平安夜崇拜，聖保羅堂以唱歌方式敘述耶穌誕生故事，此時教堂關掉燈光，之後由教友燃點將臨環中間那枝白色蠟燭，再將燭火傳到聖壇兩邊燭台，唱頌完後教堂開燈，一片光明，寓意基督已經降生。

✠ 主顯節

教會以聖誕節後第十二日（1 月 6 日）定為主顯節（Epiphany），又稱「三王來朝節」，紀念耶穌降生後，由東方而來的 Magi（一般翻譯為賢士、智者、博士或王）在亮星引領下來到伯利恆朝拜小耶穌，並

● 天主教的主顯節與「三王來朝」有關，當日「古道行」神父在深涌三王來朝小堂附近舉行露天彌撒。

東正教的主顯節紀念耶穌顯示神性的三件事，香港聖彼得聖保羅教堂的大司祭在馬灣舉行大聖水禮，紀念耶穌在約旦河受洗。

奉上黃金、乳香和沒藥等禮物，估計有三人。現今教會通常在接近 1 月 6 日的星期日慶祝主顯節，慶祝完後，聖誕期便結束。

東正教會沿用羅馬帝國年代的儒略曆（Julian Calendar），比現今世界通行的額我略曆（Gregorian Calendar）慢 13 天至 14 天，因此東正教的復活節在春分後第一個滿月之後第二個星期日，聖誕節在 1 月 6 日或 7 日，主顯節在 1 月 19 日左右。

東正教的主顯節紀念耶穌顯示神性的三件事：東方三賢士朝拜耶穌、耶穌在約旦河受洗，以及耶穌在迦納婚宴施行第一項神蹟。東正教較重視紀念第二事件，即耶穌接受施洗約翰洗禮。香港俄羅斯正教會（香港聖彼得聖保羅教堂）的大司祭當日專程到馬灣舉行大聖水禮（Great blessing of water），之後有教友走下水中感受浸禮。✟

天主教出遊活動

全港有三十九間天主教堂，但舉行聖像出遊活動的教堂並不多，原因是向有關部門申請在馬路巡遊的手續繁複。在新界和離島等人口較少的社區，如長洲、坪洲和元朗，較多見到聖像巡遊。港九兩地以聖安多尼堂的聖體出遊較大規模，其他多在教堂範圍內進行小型巡遊。

位處元朗市中心外圍的聖伯多祿聖保祿堂，是香港舉辦最多戶外出遊的聖堂，疫情前每年有三個之多，分別是 5 月的聖母像出遊，5、6 月間的聖體出遊，以及 10 月的聖母像出遊。教友先在教堂參與彌撒，然後步出教堂，在附近繞行一周。隊伍經過的街道和天橋，行人不多，因此較易獲得警方批准。活動舉行日期並不固定，除了教友外，未有受到外界注意。

✠ 花地瑪聖母像出遊

天主教與聖母有關的節日主要有 1 月 1 日的天主之母節、3 月 25 日的聖母領報節、5 月 13 日的花地瑪聖母紀念日、8 月 15 日的聖母升天日、9 月 8 日的聖母聖誕節、10 月 7 日的聖母玫瑰瞻禮，以及 12 月

● 元朗聖伯多祿聖保祿堂在 5、6 月間舉行聖體出遊，祝福區內居民。

神父高舉「聖體皓光」降福，教徒跪下領受。

8 日的聖母無原罪瞻禮。

1917 年 5 月 13 日，葡萄牙城鎮花地瑪（Fátima）有三位牧童表示看見聖母顯現，之後每個月都見到聖母顯現一次，連續六個月。2002 年教宗若望保祿二世（Pope John Paul II）將 5 月 13 日定為「花地瑪聖母瞻禮」，5 月定為「聖母月」。

澳門天主教社群很重視花地瑪聖母，每年 5 月 13 日舉行盛大出遊。當日下午在議事亭前地旁的玫瑰聖母堂舉行彌撒，到了傍晚，幾名身着素白服裝的婦女抬起花地瑪聖母像走出聖堂，前面有三名打扮成當年看見聖母顯靈的牧童，後面跟着數百名信徒，向南灣緩步前行，走了約一個小時到達西望洋山聖堂，在外面空地舉行露天崇拜，黑夜中瀰漫莊嚴肅穆的宗教氣氛。

香港也有教堂舉行花地瑪聖母出遊，特別是 2017 年花地瑪聖母顯現一百周年，較多見到花地瑪聖母出遊。天主教主教座堂於 5 月 13 日傍晚在教堂範圍舉行了一次巡遊，教區聖召委員會在黃竹坑也舉行聖像遊行，教友在聖瑪利安老院聖堂出發，先在安老院外圍繞圈，然後走出

上 天主教教區在2017年5月13日慶祝花地瑪聖母顯現一百周年，在聖母無原罪主教座堂舉行聖母像夜遊。

下 教區聖召委員會在2017年舉行花地瑪聖母出遊，由聖瑪利安老院步行至聖神修院。

惠福道，步行前往聖神修院，一路上誦念《玫瑰經》。

長洲花地瑪聖母堂自1997年開始，每年5月中的星期日舉行「聖十字架及花地瑪聖母敬禮遊行」，早期較為低調，繞行東灣一帶便折返。2003年開始延長路線，走入社區，規模愈來愈大。隊伍最前面是一群打扮成天使的小女孩，一位男士高舉十字架帶領，後面有一批穿上傳統服飾的菲律賓教友。堂區派出八位男士抬着花地瑪聖母像跟隨，走過長洲街道，祈求島上居民獲得平安。2005年起，更效法長洲太平清醮的飄色巡遊，加入四台小天使飄色，分別代表報喜天使、長洲守護天使、香港守護天使和中國守護天使，凸顯本土元素，藉此傳揚福音。

上　長洲花地瑪聖母堂過去每年在聖母月（5月）舉行聖母出遊，後來改在天氣較涼快的玫瑰月（10月）。

中　長洲花地瑪聖母出遊自2003年起走入社區，兩年後在隊伍中加入天使飄色。

下　長洲花地瑪聖母出遊隊伍行經大石口天后宮，顯示中西文化在長洲共存。

由於 5 月正值炎熱多雨季節，有時還遇上颱風，故此由十多年前開始，長洲花地瑪聖母堂改在 10 月某一個星期日舉行出遊。10 月是天主教獻給聖母的月份，又稱「玫瑰月」。

✠ 玫瑰月巡遊

據道明會記載的傳説稱，西班牙修士聖道明（St. Dominic）在 1214 年獲聖母瑪利亞授予《玫瑰經》和玫瑰念珠，囑咐他向外推廣《玫瑰經》，為陷入異端的人士祈禱。1571 年 10 月 7 日，教宗成立的聯盟在地中海一場海戰中擊敗鄂圖曼帝國的海軍，自此教廷把該日定為玫瑰聖母瞻禮，紀念聖母幫助。其後教廷稱 10 月為「玫瑰月」。

上　坪洲和平之后小堂每年玫瑰月舉行聖母像出遊，在社區宣教。

下　聖德肋撒堂在玫瑰月舉行聖母像出遊，教友繞到教堂後面空地誦經。

坪洲和平之后小堂在 10 月其中一個星期日舉行聖母像出遊，2002 年首次走出聖堂外面向居民傳揚福音。當日有三百多名本島及來自其他地區的教友在坪洲體育館內集合出發，轉入熱鬧的永安街。走在前端的人高舉十字架，兩旁有一副對聯，寫上：「平心共禱聽綸音，和你同遊祈聖母」。接着是四名男子抬行一座聖母抱小耶穌像，隨後有一群打扮成小天使的女孩。隊伍在傳統社區遊行，為小島添上基督色彩。

九龍聖德肋撒堂也在 10 月中舉行花地瑪聖母像出遊，八名男子抬起聖母像步出教堂，至後面的停車場，再在教堂外圍繞圈行走，約有二百名教友手持蠟燭跟在後面。最後眾人停下誦念《聖母經》，整個儀式持續大半個小時。

✠ 耶穌聖體出遊

天主教會奉行七大聖事，分別是「聖洗」、「堅振」、「聖體」、「修和」（告解）、「聖秩」、「病人傅油」和「婚姻」，最重要是聖體聖事，神父祝聖無酵餅和葡萄酒，成為基督的身體和血，再分給教友。每年聖神降臨節（五旬節）後的第二個星期日（5、6 月間）為聖體聖血節，紀念耶穌在最後的晚餐中確立聖體聖事。

西區的聖安多尼堂於 2001 年恢復闊別了三十多年的聖體出遊，2004 年開始在聖體聖血節舉行「耶穌出巡愛西環」，活動包括聖體出遊和嘉年華會，祝福社區及向街坊傳福音。第二年開始，改在 11 月下旬的基督君王節舉行，以避開炎熱夏天。聖安多尼堂是少數在市區舉辦巡遊的教會，疫情前有千多人參加，警方要臨時封路讓大批教友前進。

是日中午，教友聚集在聖安多尼堂參加彌撒，主任司鐸講述耶穌被稱為君王的聖經故事。彌撒完結後，主任司鐸從聖體櫃取出聖體，置於「聖體皓光」，之後雙手舉起，與教友步出教堂。四名輔祭員撐起錦帳為「聖體皓光」遮蔭，兩旁有羅傘和提燈陪同。一行人在一幅偌大的耶穌聖心旗幟帶領下，沿山道下行至皇后大道西，途中高唱聖歌。

上　聖安多尼堂在11月的基督君王節舉行「耶穌出巡愛西環」巡遊，教友隨着耶穌聖體由薄扶林道經山道步行至皇后大道西。

下　疫情前，聖安多尼堂在皇后大道西與卑路乍街交界搭建禮台，舉行降福儀式。

疫情前，教會在皇后大道西與卑路乍街交界搭建臨時禮台。隊伍抵達後，主任司鐸將「聖體皓光」放在台上，接着是獻香、講道、詠唱和祈禱，之後司鐸高舉「聖體皓光」向四周教友和街坊轉動，進行降福儀式。儀式完結後，教友在街上進行表演，並有攤位活動與街坊接觸，宣揚福音。

✠ 聖枝巡遊

聖週的第一天稱為「聖枝主日」，聖公會稱「棕枝主日」，有部分教堂舉行巡遊，重演耶穌榮進耶路撒冷的一幕。教友先在教堂外面集合，手持棕枝或類似樹枝（如蘇鐵樹枝），魚貫步入教堂。

疫情前，黃大仙有三個天主教堂區曾於2017年的聖枝主日聯合舉辦大型的巡遊活動，共數百人參加。他們先在黃大仙天主教小學的聖雲先小堂集合，神父祝禱後兵分三路，分別前往橫頭磡的聖博德堂、新蒲崗的善導之母堂，以及慈雲山的聖文德堂。各人手持棕枝，沿途高唱聖詩，抵達教堂後參與彌撒。

完結後各人將棕枝帶回家中，由於棕枝經過祝聖，不能隨便丟棄，教會建議教友交回堂區。棕枝會保留一年，至翌年四旬期開始前將之燃燒成灰，在聖灰瞻禮日（大齋首日）供塗灰之用。有關四旬期和聖週的活動，可看上一節「基督宗教的重要節期」。✞

上左　聖母聖衣堂舉行聖枝出遊前，主任司鐸以聖像畫介紹耶穌騎驢駒進入耶路撒冷城。

上右　聖母聖衣堂教友在主任司鐸帶領下，手持棕枝沿星街前往教堂，沿途祝福社區平安。

下左　教友在聖枝主日參加巡遊，由黃大仙天主教小學步行至聖文德堂。

下右　另一批教友由黃大仙天主教小學步行至新蒲崗的善導之母堂

香港聖彼得聖保羅教堂的至聖所是神父舉行禮儀的地方，以聖幛分隔信眾。

第五章　香港的東正教會

東正教入華歷程

東正教的起源

東正教又稱正教會（Orthodox Church），源自東羅馬帝國（即拜占庭帝國）。公元四世紀，帝國出現三位管轄教區事務的宗主教，所在城市是羅馬、亞歷山大和安提阿。君士坦丁一世（Constantine I）遷都拜占庭（後稱君士坦丁堡）後，在該城設置宗主教之職，不久在耶路撒冷再設另一位宗主教，合共五位。

此後，東羅馬帝國的教會與西方羅馬教會在文化、禮儀、教義和教會最高權力等方面出現分歧，終在 1054 年決裂，這是基督宗教第一次分裂。西方教會使用拉丁語，以羅馬教宗為最高領袖，稱為「羅馬天主教」；東羅馬帝國的教會自稱正教（Orthodox）或正統普世教會，俗稱「東正教」，使用希臘語，分不同牧首區，互不統屬，有重要事情才一起商討，君士坦丁堡宗主教則享有名義上最高地位的牧首。

1589 年俄羅斯設立莫斯科宗主教一職，其他國家亦先後成立正教會，統稱為東正教自主教會（Autocephaly）。連同傳統的四個牧首區，現有十七個，俄羅斯正教會是東正教世界較重要的一支。此外還有六個東方教會沒有歸入東正教，他們合稱「東方正統教會」（Oriental Orthodoxy），分佈在敘利亞、黎巴嫩、埃及、亞美尼亞、印度、埃塞俄比亞與厄立特利亞。

東正教的十字架比一般十字架多兩條短橫木，最低一條傾斜放置。

✠ 東正教傳入中國

近代天主教和新教傳教士先後經海路來華，先到澳門或廣州立足，然後北上。但東正教徒則由俄羅斯取道陸路前赴中國，再逐步南下。康熙年間（十七世紀），俄羅斯向西伯利亞擴張，與大清發生軍事衝突。1685 年清軍攻入雅克薩，即俄文的阿爾巴津，將城中五十九名哥薩克俘虜帶回北京，編入鑲黃旗，賜予中國姓氏，駐守東直門。其中一人為東正教神父（司祭），他獲皇帝允許將一座關帝廟改為東正教堂，名為「聖尼古拉教堂」。這是中國第一座東正教堂，北京人稱為「羅剎廟」。

這位神父去世後，俄羅斯沙皇彼得一世（Peter I）徵得康熙皇帝同意，於 1715 年向中國派遣東正教傳教士團，進駐聖尼古拉教堂，不久成立北京東正教總會。1858 年中俄簽訂《天津條約》，俄羅斯傳教士可以自由進入中國。1860 年之後，東正教的活動從北京擴展到華北、華東、東北和西北各地，在多個城市建立教區。

1917 年俄羅斯爆發十月革命，布爾什維克的紅軍推翻沙皇，建立蘇維埃政權。大批反對布爾什維克的俄羅斯人逃離家園，經西伯利亞來到中國，他們被稱為白俄（White Russian），大多是東正教徒，住在東北地區如哈爾濱，在二十年代中期共有三十萬人之多。東正教傳教士團為了加強牧養他們，在不同城市建立教堂，直至 1949 年中華人民共和國成立後才停止。當時全中國有 106 座東正教堂，有許多在文革期間受破壞或被逼關閉。現有四間東正教堂恢復宗教活動，分別位於哈爾濱、內蒙古和新疆，只有哈爾賓的聖母帡幪教堂有華人神父為信眾主持崇拜。

✠ 首位來港的東正教司祭

在華的白俄其後南下上海，再到香港。三十年代有二十五名居住上海的白俄受聘來港加入警隊，負責反海盜任務。隨着居港的俄羅斯僑民愈來愈多，在華的傳教團於 1934 年派遣大司祭（首席神父）來港牧養他們，同時兼顧廣州、澳門和馬尼拉的事工。這位大司祭名叫德米特里・烏斯賓斯基（Archpriest Dimitry Uspensky），曾在北平服務七年。他獲聖公會聖安德烈堂允許在該堂舉行禮儀，其後在中間道 8 號設立「香港聖彼得聖保羅教堂」。

日本侵華再導致一批俄羅斯人來港，四十年代初，德米特里神父計劃興建一座永久性教堂，但因太平洋戰爭爆發而擱置。戰後東正教徒在九龍塘雅息士道 12 號舉行崇拜，此時在華的俄羅斯傳教團接受莫斯科牧首區管轄，但香港許多僑民不願意投向蘇聯，並移民他國，令在港的東正教徒由戰前的三百多人減至 1955 年的八十五人，建堂計劃無從談起。

1970 年 1 月 17 日，德米特里神父病逝香港，離八十四歲生日僅差一天，下葬香港墳場。堂區全體會議決定不向莫斯科宗主教區尋求財政援助，並關閉香港的教堂，剩下的資金撥作慈善用途，聖像和用具運往澳洲，東正教在港三十六年的活動告一段落。九年後，由於港府要興建連接香港仔隧道的黃泥涌峽天橋，收回香港墳場部分土地，德米特里神父之墓遷至聖堂附近位置，其妻女後來亦葬在他的墓兩旁。

今天漫步香港墳場，不時見到豎立俄羅斯正教十字架的墳墓，所葬的主要是俄羅斯人。俄羅斯正教十字與西方教會的拉丁十字不同，它有三條橫木，中間一條較長，是耶穌被釘十字架時雙手擺放之處。最上方有一條短橫木，用作寫上耶穌的罪名和身份（「猶太人的王，拿撒勒人耶穌」），最下方還有一條短橫木，傾斜放置，成為東正教十字架的最明顯特色。

香港墳場葬了一百五十多名東正教徒，歷史學者 Patricia Lim 調查所得，當中有六十三名來自哈爾濱或上海的白俄。二戰前下葬的不多，大部分墓碑屬於 1950 年至 1970 年，當時在港的俄羅斯東正教徒與德米特里神父組成緊密的社群，部分俄羅斯人在香港開設餐廳或包餅店，帶來獨特的飲食文化，最為人所熟悉的便是羅宋湯。

✠ 東正教重回香港

俄羅斯正教會的教堂在1970年關閉後，香港便沒有東正教的活動。1986年，君士坦丁堡牧首區有神父來港，在一名華人教友家中為在港的東正教徒舉行崇拜，之後曾借用不同地方作為聚會場所。1996年11月，君士坦丁堡普世宗主教區在港註冊成立「正教會普世宗主教聖統香港及東南亞都主教教區」，同年12月聶基道（Archbishop Nikitas

上　君士坦丁堡普世宗主教區於1996年來港成立教區，三年後在中環的商業大廈設立香港聖路加正教座堂。

下　參與聖路加正教座堂禮儀的教友來自不同國籍，祈禱時使用不同語言。

俄羅斯首位在港擔任東正教大司祭的烏斯賓斯基，1970 年病逝後下葬香港墳場，其後妻女也葬於兩旁。現今大司祭每年到墳場舉行薦亡儀軌。

Lulias）來港擔任都主教。1999 年有教友捐出中環一個商業單位用作教堂，取名「香港聖路加正教座堂」（Saint Luke Orthodox Cathedral Hong Kong）。

另一方面，莫斯科宗主教區於 2003 年派遣迪奧尼西．波茲德尼耶夫神父（Fr. Dionisy Pozdnyaev，中文名叫遲秋農）來港，牧養俄羅斯東正教社群。翌年租用商業大廈單位作為禮拜場所，之後正式恢復德米特里大司祭所創立的「香港聖彼得聖保羅教堂」（Saint Apostles Peter

& Paul Orthodox Church in Hong Kong），至今每年都會去香港墳場，為德米特里大司祭舉行薦亡儀軌。

香港小小一個地方，東正教徒數目不多，卻有兩間互不統屬的東正教會。君士坦丁堡牧首區的東正教會，禮儀語言是希臘語；莫斯科宗主教區的東正教會，禮儀語言是俄羅斯語。參與禮拜的教徒來自不同國家，這兩間東正教會舉行禮儀時除了使用希臘語或俄羅斯語外，還加插其他語言如英語、廣東話和普通話等。

莫斯科宗主教區於 2003 年恢復在港建立教會，翌年在商業大廈設立聖彼得聖保羅教堂。

上　科普特正教會較遲來港成立教會，教徒大部分是埃及人。
下　科普特正教會的神職人員在復活節晚上舉行禮儀，分享聖餐。

香港還有一間沒有歸入東正教的東方教會，就是埃及的「科普特正教會」（Coptic Orthodox Church）。由於居港的科普特教徒增多，他們於 2006 年發起募捐，租用上環一幢商業大廈兩個相連單位成立教會，名為「聖馬克和聖多馬科普特正教教堂」（St. Mark & St. Thcmas Coptic Orthodox Church），其後遷往觀塘的工業大廈。初期沒有固定的神父居港，遇有重要節日教友便從埃及邀請神父來港主持禮儀。他們祈禱時使用古老的科普特語，也因應現今的教徒而加入英語。

✠ 東方與西方教會分別

東方教會保留許多舊俗，每次禮儀時間比西方教會長，而且重視禮拜聖像畫而非聖像。西方教會要求神父獨身，東方教會只要求宗主教獨身，已婚者可擔任神父，未婚者成為神父後則不可結婚。另外，東方教會的神職人員需依循《舊約聖經・利未記》所說，蓄留鬍鬚。西方教會在彌撒中祝聖無酵餅為聖體，東方教會使用發酵麵包。

東方與西方教會另一個分別是曆法。羅馬帝國年代使用的曆法為儒略曆（Julian Calendar），到了 1582 年，教宗額我略十三世（Pope Gregorius XIII）頒佈經過改良的新曆法，稱為額我略曆（Gregorian Calendar），即今天世界通行的公曆，宗教節期較儒略曆早約十一天。部分東正教會和東方教會（如俄羅斯正教會和科普特正教會）目前仍按傳統使用儒略曆計算節日，因此與西方教會節期出現差別。✠

東正教堂佈局與聖像畫

香港的東正教堂都位於商業大廈樓上，不是獨立式聖堂，但其佈置和佈局仍依循東正教堂的基本傳統，分為至聖所（sanctuary）和中殿（nave）兩部分，前者安放祭壇，只有神職人員才可進入；後者是會眾站立地方，跟隨神職人員面向至聖所崇拜。至聖所和中殿之間豎立一幅佈滿聖像畫的屏風，稱為「聖幛」或「聖像壁」（iconostasis），作為分隔天國和現實世界的象徵，這是東正教堂的一大景觀。

聖幛開了三道門，中間的主門稱為天門或王門，只許主教或司祭（即神父）通過，左右的小門（又稱南門和北門）給輔祭與堂役出入。神職人員在至聖所的祭壇進行禮儀，會在適當時候開啟王門，並在適當時候開亮燈光，讓信眾隱約見到至聖所的祭壇，仿如帶領信眾進入天國，感覺與基督同在。

香港聖彼得聖保羅教堂的聖幛猶如一堵「牆壁」分隔至聖所和信眾席，中間之門只供司祭進出。

聖路加正教座堂的司祭在至聖所進行儀式時，外面的信眾看不見。

進入東正教堂的男性要脫帽，女性要戴頭巾，服飾必須莊重。歐洲的東正教堂裝飾華麗，一般不設座椅，信眾在中殿分散站立，隨着儀式進行，不時鞠躬和叩拜。在香港，俄羅斯的東正教堂亦不設座椅，但牆邊放了少量座椅供年老病弱者使用。中殿一角有唱經班，他們在無樂器伴奏下合唱聖詩，旋律獨特。另外還有誦經士負責誦念經文，與唱詩交替進行。

香港另一間東正教堂和科普特正教會教堂，中殿擺設座椅，但當朝拜活動需要較大空間時，便會把座椅搬開。歐洲一些較大的東正教堂還設有前廳（narthex），供準備受浸的慕道者祈禱，但香港的東正教堂因地方所限而沒有設立。

科普特正教會的至聖所沒有被聖幛全部遮擋，信眾可見裏面情況。

✠ 聖像畫特色

公元 330 年羅馬帝國遷都拜占庭（今土耳其伊斯坦堡），教堂建築和裝飾開始受近東藝術文化影響。教會利用聖像畫敘述《聖經》故事，讓不識字的人也能理解。聖像畫自中世紀開始流行，重視線條，不重寫實，用色艷麗，強調象徵意義。教徒以聖像畫作為祈禱之用，透過聖像進入神聖時空，令精神更為集中。

東正教重視使徒時代承傳下來的傳統，默觀聖像畫是禮儀生活的一部分。描繪聖像畫時要跟隨前人受感召確立的規範，不可依個人喜好而隨意改變，亦不能為聖像加上感情。聖像畫是超越個人的，所以畫作上不留下畫家名字。十六世紀西歐文藝復興，畫家紛紛以寫實、透視的形式描繪宗教畫，但東正教會仍堅守傳統，依舊採用固有的繪畫方式來詮釋教義，不加透視效果，以象徵手法把信仰顯示出來。

聖像畫的聖人臉容嚴肅，輪廓無須按比例繪畫，眼睛較大，前額突出，鼻樑直，咀部細小而緊閉，頭部有金色光環。耶穌、瑪利亞和聖若瑟等通常位處畫中央或上方，其他聖人排列左右或下方，常以較小形體來顯示他們在畫中的次要地位。

聖像畫採用象徵手法和特定形式，將信仰奧跡化為畫像。此畫描繪「三位一體」。

✠ 聖像破壞運動

不過在公元 726 年，拜占庭帝國曾發生「聖像破壞運動」（Iconoclasm），禁止教徒膜拜聖像。當時的帝國皇帝利奧三世（Leo III）引用《舊約聖經》指人民不可膜拜偶像，因此高壓清除教堂和修院的聖像畫。

有神學家稱，聖像畫與文字一樣都是傳達福音的工具，教徒可借助聖像畫觸想上帝，目不識丁的人也可藉此了解宗教訊息。西方教會認為，向不懂拉丁文的日耳曼人傳教時，聖像畫和聖像雕刻十分有用，可視為《聖經》圖解。

公元 787 年，教宗哈德良一世（Pope Adrian I）在尼西亞召開第七次大公會議（即第二次尼西亞會議），主要討論聖像崇拜問題。結論認為聖像是道成肉身可見之像，有助表達教義、聖人生平和《聖經》故事。會議肯定了聖像之重要性，教徒可對聖像畫表示恭敬，但不可以被當成神來崇拜。不過，這次會議並未令聖像破壞運動停止。

直至公元 843 年幼帝米海爾三世（Michael III）在位時期，攝政皇后頒佈尼西亞法規，糾纏了逾百年的反對破壞聖像紛爭才告落幕，聖像畫得以在教堂重現。但許多古老教堂的聖像畫已因破壞而消失。

✠ 東西方教會都見聖像畫

現在踏入東正教堂，最明顯的感覺除了裝飾華麗之外，四周還掛滿了色彩豐富的聖像畫，尤其在聖幛範圍最多，營造一個祈禱的神聖空間，讓每個人都感受到濃厚的宗教氛圍。

莫斯科宗主教區在香港設立的聖彼得聖保羅教堂，中殿擺放聖像畫，信徒入內先俯拜和親吻該畫，以表崇敬。聖幛的裝飾相對簡單，但仍設有三道門。周邊掛了許多聖像畫，其中在較多人敬拜的聖像畫前面設置燭台，給信徒燃點蠟燭。神職人員舉行禮儀之前，持香爐繞行教堂一周，以裊裊香煙供奉各聖像，同時淨化教友心靈世界。

聖像畫雖然盛行於東方教會，但西方教會包括香港，近代多了教堂放置聖像畫，香港也有不少教友學習繪畫聖像畫以作靈修。粉嶺聖若瑟堂有一幅名為「獻耶穌於聖殿」的畫作，採用聖像畫風格，描繪聖母瑪利亞和聖若瑟遵照梅瑟（摩西）法律到聖殿獻上小耶穌的故事。背景的建築物不按比例，物件亦不跟正常尺寸，富有中世紀的宗教味道。

粉嶺聖若瑟堂的聖所在「梵二」後加上聖像畫裝飾，描繪「獻耶穌於聖殿」故事。

後　記

《神聖與禮儀空間：香港基督宗教建築》一書於 2018 年出版，在幾年前已經售罄，承蒙中華書局（香港）有限公司願意推出增訂版，令我深感高興。相隔七年，無論自己對教堂的認識，還是教會和教堂的發展，都有不同程度的變化，因此我決定將舊作全部文字重寫，補充近年所得資料，增加三篇新的文章，包括「戰後九龍的教堂形式」、「遍佈離島的教堂」及「天主教隱修院」。其他介紹教堂的章節，亦將涵蓋範圍延伸至千禧年，以彌補初版的不足。

我下筆時參考了不少書本（見附錄的「延伸閱讀」），也看了教會出版的刊物和設立的網站，力求資料準確。由於有關刊物和網站太多，恕未能在書中一一列出。本人對教會認識有限，文中如有錯誤或不準確之處，祈請各方人士不吝指正。

寫書固然耗用大量心力，探訪教堂所花的時間也不少。實地考察可讓我看到書本中沒有提及的細節和裝飾，這是樂趣所在。香港有些聖堂不對外開放，我曾試過被拒諸門外，但大部分聖堂（尤其是天主教堂）都能入內參觀。我要多謝教會一些神父、修士、修女和牧師，為我解答問題和提供資料。由於人數太多，亦恕我無法在書中一一道謝。

拙作用了約四百八十幀圖片，是我從過去二十年拍攝教堂的照片中挑選出來的。今次重寫此書，換了半數相片，取代色彩、角度和清晰度不佳的照片，及配合內容文字。書中加插了一些舊照，讓讀者得知昔日面貌，在此要多謝聖公會聖約翰座堂、天主教香港教區檔案處、巴黎外方傳教會、嘉諾撒仁愛女修會、中華基督教會元朗堂、「太古樓之友」、「文化葫蘆」等機構和團體借出舊相。另有少數圖片來自朋友和書本，使用時已註明出處。

我有幸邀得四位建築界和宗教界的學者撰寫序言，當中龍炳頤教授和李浩然博士是我就讀香港大學建築文物保護碩士課程時的老師，為我打下建築保育學識的基礎；夏其龍神父是我認識天主教問題的啟蒙前輩，林社鈴執事本身是建築師，從他身上學習了不少天主教和教堂的知識。另外要感謝黃棣才博士，他花了頗長時間用電腦繪畫了聖母無原罪主教座堂和聖瑪加利大堂的立體圖，為本書生色不少。

最後感謝中華書局（香港）有限公司副總編輯黎耀強先生的支持，促使我重寫此書。編輯和設計部仝人將有關文字、照片和圖表重新編排，以新面目呈現讀者眼前，在此也一併致謝。

參考書目

第一章：教堂設計

「示」編輯委員會編，《憶念梵二—黎明在望》（香港：「示」編輯委員會，2012）。

全婉蘭，《盼望創造未來：由調景嶺至將軍澳 基督教靈實協會 70 周年》（香港：基督教靈實協會，2023）。

西田雅嗣、矢崎善太郎編，張佳雯譯，《圖解世界經典建築》（台北：城邦文化事業和尖端出版，2007）。

余蕙瑛，《上主牧場：設計聖堂的靈感與過程》（香港：天主教香港教區禮儀委員會，2008）。

吳永順，〈教堂建築〉，載陳翠兒、蔡宏興編，《香港建築百年》（香港：三聯書店，2005）。

吳新豪編譯，《天主教禮儀發展史》（香港：香港教區禮儀委員會，1983）。

李一帆，〈尋覓基愛——朝聖之旅〉，載香港聖公會基愛堂特刊及媒體小組，《香港聖公會基愛堂六十周年堂慶》（香港：香港聖公會基愛堂，2023）。

李金強、湯紹源和梁家麟編，《中華本色——近代中國教會史論》（香港：建道神學院，2007）。

邢福增，《此世與他世之間：香港基督教墳場的歷史與文化（增修版）》（香港：基督教文藝出版社，2024）。

邢福增、劉紹麟，《天國 · 龍城：香港聖公會聖三一堂史（1890 – 2009）》（香港：基督教中國宗教文化研究社，2010）。

林社鈴，〈教會建築本地化：聖神修院的建築與風格〉，載《宗聲》（香港：聖神修院神哲學院宗教學部，2010）。

范毅舜，《走進一座大教堂》（北京：三聯書店，2006）。

香港中文大學建築學系歷史建築研究組編，《古建遊學——歷史建築探究研學習作品選輯》（香港：香港中文大學建築學系，2008）

香港教區禮儀委員會培育組編，《行糧：香港聖堂朝聖手冊》（香港：天主教香港教區禮儀委員會，2005）。

香港教區禮儀委員會辦事處編，《梵二：禮儀空間手冊》（香港：天主教香港教區禮儀委員會，2014）。

埃米莉・科爾（Emily Cole）編，孟瑜等譯，《世界建築經典圖鑑》（上海：上海人民美術出版社，2003）。

陳天權，〈曇花一現的中國文藝復興建築〉，載陳溢晃編，《旅行家第 21 冊》（香港：香山學社，2011）

陳天權，《香港歷史系列：穿梭今昔 重拾記憶》（香港：明報出版社，2011）。

陳天權，《時代見證：隱藏城鄉的歷史建築》（香港：中華書局，2021）

陳天權，《城市地標：香港早期西式建築》（香港：中華書局，2023）

陳天權，《城市拾遺：探尋港九歷史遺跡》（香港：中華書局，2024）

湯泳詩，《道風行禱——道風山風物志》（香港：道風山基督教叢林，2019）。

愛德華・丹尼森（Edward Denison）編，張育南等譯，《30 秒探索建築學》（北京：機械工業出版社，2017）。

楊佩華編，《建：香港聖堂建築淺談》（香港：天主教香港教區禮儀委員會，1991）。

聖母無原罪主教座堂培育組編，《聖事知多少》（香港：聖母無原罪主教座堂，2005）。

趙一舟，《我們的聖堂》（台灣：月證月刊社和聞道出版社，2008）。

劉義章，《盼望之灣——靈實建基五十年》（香港：商務印書館，2005）。

歐內斯特・伯登（Ernest Burden）著，褚智勇等譯，《英漢建築圖解詞典》（北京：中國電力出版社，2007）。

歐文・霍普金斯（Owen Hopkins）著，呂奕欣譯，《閱讀建築的 72 個方式》（台北：遠流出版事業，2014）。

龍炳頤，《香港古今建築》（香港：三聯書店，1992）。

龍炳頤，〈聖公會聖三一座堂的發展與文物建築〉，載香港聖公會聖三一座堂編輯委員會，《香港聖公會聖三一座堂攝影文集》（香港：香港聖公會聖三一座堂，2014）。

魏克利、陳睿文，《萬代要稱妳有福：香港聖公會聖馬利亞堂史（1912－2012）》。（香港：基督教中國宗教文化研究社，2014）。

羅國輝編，《建：天上人間——介紹教堂建築及奉獻禮》（香港：天主教香港教區禮儀委員會，2001）。

羅國輝編，《主聖餐祭的歷史圖解》（香港：天主教香港教區禮儀委員會辦事處，2007）。

顧大慶，《崇基早期校園建築——香港華人建築師的現代建築實踐》（香港：香港中文大學崇基學院，2011）。

顧衛民，《近代中國基督宗教藝術發展史》（香港：道風山基督教叢林，2006）。

Cannon, Jon, *The Secret Language of Sacred Spaces：Decoding Churches, Temples, Mosques and Other Places of Worship Around the World*（London：Duncan Baird Publishers, 2013）.

Cragoe, Carol Davidson, *How To Read Buildings: A Crash Course in Architectural Styles* (UK: Ivy Press, 2014).

Cunliffe, Sarah, and Jean Loussier ed., *Architecture Styles: Spotter's Guide* (San Diego: Thunder Bay Press, 2006).

DK Publishing, *The Visual Dictionary of Buildings* (London: Dorling Kindersley Limited, 1992).

Glancey, Jonathan, *The Story of Architecture* (London: Dorling Kindersley Limited, 2000).

Humphrey, Caroline, Piers Vitebsky, *Sacred Architecture* (London: Duncan Baird Publishers, 1997).

Koch, Guntram, *Early Christian Art and Architecture* (London: SCM Press Ltd, 1996).

Libreria Editrice Vaticana 編，香港公教真理學會譯，《天主教教理》（香港：香港公教真理學會，1996）。

McNamara, Denis R., *How To Read Churches: A Crash Course in Ecclesiastical Architecture* (UK: Ivy Press, 2014).

Nuttgens, Patrick, with Richard Weston, *Architecture: From the First Civilizations to the Present Day* (London: Octopus Publishing Group Ltd, 2006).

Stevenson, Neil, *Architecture: The World's Greatest Buildings Explored and Explained* (London: Dorling Kindersley Limited, 1997).

第二章：解讀教堂密碼

理查．泰勒著，李毓昭譯，《發現教堂的藝術》（台北：晨星出版有限公司，2005）。

嘯聲編，《基督教神聖譜》（北京：中國人民大學出版社，2004）。

羅國輝編著，《在地若天：五至十三世紀羅馬聖堂彩石鑲嵌畫釋義》（香港：香港教區禮儀委員會，1999）。

Bentley, James, *Sacred Symbols: Christian Mysteries* (London: Thames and Hudson Ltd, 1997).

Cooper, J.C., *An Illustrated Encyclopaedia of Traditional Symbols* (London: Thames & Hudson Ltd, 1978).

Daley, Michael J., *Our Catholic Symbols: A Rich Spiritual Heritage* (New London, CT: Twenty-Third Publications, 2009).

O'Connell, Mark, and Raje Airey, *The Illustrated Encyclopedia of Signs & Symbols* (London: Anness Publishing Ltd, 2005).

Rest, Friedrich, *Our Christian Symbols* (Ohio: The Pilgrim Press, 1959).

Stancliffe, David, *The Lion Companion to Church Architecture* (Oxford: Lion Hudson plc, 2008).

Stemp, Richard, *The Secret Language of Churches & Cathedrals: Decoding the Sacred Symbolism of Christianity's Holy Buildings* (London: Duncan Baird Publishers, 2010).

Taylor, Richard, *How To Read A Church: A Guide to Symbols and Images in Churches and Cathedrals* (New Jersey: HiddenSpring, 2005).

Tresidder, Jack, *Symbols and their Meanings* (London: Duncan Baird Publishers, 2000).

Tresidder, Jack, *1,001 Symbols* (San Francisco: Chronicle Books, 2003)

第三章：基督宗教傳入

丁新豹編，《香港歷史散步》（香港：商務印書館，2008）。

丁新豹、盧淑櫻，《非我族裔：戰前香港的外籍族群》（香港：三聯書店，2014）。

王誌信編著，《道濟會堂史》（香港：中華基督教會合一堂，2018）。

文國偉編撰，《水手館的故事》（香港：循道衛理中心，1992）。

田英傑編著，游麗清譯，《香港天主教掌故》（香港：聖神研究中心暨聖神修院校外課程部，1983）。

朱益宜，《關愛華人：瑪利諾修女與香港（1921 － 1969）》（香港：中華書局，2007）。

何心平，《美國天主教傳教會與香港》（香港：香港中文大學天主教研究中心，2011）。

李志剛，《基督教與近代中國文化論文集》（台北：宇宙光出版社，1989）。

李志剛，《香港教會掌故》（香港：三聯書店，2006）。

李志剛，《馬禮遜牧師傳教事業在香港的延展》（香港：香港中文大學崇業學院宗教與中國社會研究中心，2007）。

李志剛，《基督教與香港早期社會》（香港：三聯書店，2012）。

李志剛等，《香港基督教史（1807 － 1997）》（香港：三聯書店，2024）。

李金強，《聖道東來：近代中國基督教史之研究》（台北：宇宙光出版社，2007）。

李金強，《自立與關懷——香港浸信教會百年史（1901 － 2001）》（香港：商務印書館，2002）。

李金強主編，《香港教會人物傳》（香港：香港華人基督教聯會，2014）。

沙田區議會，《馬鞍山風物誌：礦業興衰》（香港：沙田區議會，2002）。

沙田區議會，《馬鞍山風物誌：鞍山歲月》（香港：沙田區議會，2003）。

阮志偉主編，《先賢之路：西貢天主教傳教史》（香港：中華書局，2021）。

吳國傑，《10 大香港宗派巡禮：透視主要基督教宗派》（香港：基稻田出版社，2008）。

吳國傑，《溯源追本：基督教會古今巡覽》（香港：基道出版社和基督教時代論壇週報，2007）。

林瑞琪，《近代天主教在華傳播史論集》（香港：天主教香港教區聖神研究中心，2012）。

柯毅霖，《從米蘭到香港：150 年傳教使命》（香港：良友之聲出版社，2008）。

柯毅霖、Angelo Paratico，《意大利人在港澳的 500 年》（香港：快樂傳媒集團，2014）。

馬冠堯，《香港工程考》（香港：三聯書店，2012）。

香港中文大學天主教研究中心編，《香港天主教修會及傳教會歷史》（香港：香港中文大學天主教研究中心，2009）。

香港聖公會檔案館，《香港聖公會會督府簡介》（香港：香港聖公會檔案館，2016）。
香港聖公會檔案館，《聖公會在香港的開端》（香港：香港聖公會檔案館，2024）。
香港聖公會編，《香港聖公會》（香港：宗教教育中心，2016）。
夏其龍，《百載十年的蔭庇》（香港：聖母無原罪主教座堂，1999）。
夏其龍，〈香港客家村落中的天主教〉，載鍾文典、劉義章編，《香港客家》（桂林：廣西師範大學出版社，2005）。
夏其龍，《香港傳教歷史之旅（共五冊）》（香港：天主教香港教區福傳年專責小組，2005、2006 和 2009）。
夏其龍，《走進主教座堂看教會歷史》（香港：聖母無原罪主教座堂，2008）。
夏其龍，《了解天主教》（香港：三聯書店，2016）。
夏其龍著，蔡迪雲譯：《香港天主教傳播史（1841 － 1894）》（香港：三聯書店，2014）。
夏其龍編，《天主作客鹽田仔——香港西貢鹽田仔百年史蹟》（香港：香港中文大學天主教研究中心，2010）。
夏其龍編，《內外縱橫太古樓——太古樓與薄扶林區歷史發展》（香港：香港中文大學天主教研究中心，2012）。
夏其龍編撰，《米高與惡龍——十九世紀天主教墳場與香港》（香港：香港中文大學天主教研究中心，2008）。
夏其龍等，《十九世紀天主教在灣仔的慈善工作》（香港：香港中文大學天主教研究中心，2016）。
夏其龍、譚永亮編，《香港天主教修會及傳教會歷史》（香港：香港中文大學天主教研究中心，2011）。
荃灣區議會編，《荃灣二百年——歷史文化今昔》（香港：荃灣區議會，1991 年）。
家思齊編，《香港聖類斯中學簡史》（香港：聖類斯中學，1977）。
陳天權，《被遺忘的歷史建築（港島及九龍）》（香港：明報出版社，2013）。
陳天權，《被遺忘的歷史建築（新界及離島）》（香港：明報出版社，2014）。
黃文江，〈十九世紀香港西人群體研究：愉寧堂的演變〉，載劉義章、黃文江編，《香港社會與文化史論集》（香港：香港中文大學聯合書院，2002）。

黃淑琪編，《可以居》（香港：香港浸會大學視覺藝術院、啟德研究與發展中心，2015）。

黃棣才，《圖說香港歷史建築：1841 － 1896》（香港：中華書局，2012）。

黃棣才，《圖說香港歷史建築：1897 － 1919》（香港：中華書局，2011）。

黃棣才，《圖說香港歷史建築：1920 － 1945》（香港：中華書局，2015）。

黃棣才，《圖說香港歷史建築：1946 － 1997》（香港：中華書局，2021）。

黃棣才，〈薄扶林的舊事〉，載陳溢晃編，《旅行家》，第 24 冊（香港：香山學社，2014）。

許焯權，《中區歷史建築選粹》（香港：古物古蹟辦事處，2004）。

許舒，《滄海桑田話荃灣》（香港：滄海桑田話荃灣出版委員會，1999 年）。

基督教香港信義會社會服務部，《礦山記憶：鐵，不一般的故事》（香港：中華書局，2017）。

馮瑞芬，《澳門聖羅撒英文中學史略》（澳門：澳門理工學院，2019）。

馮瑞芬，《澳門聖佳蘭（家辣）隱修院》（香港：三聯書店，澳門：澳門基金會，2023）。

湯清，《中國基督教會百年史》（香港：道聲出版社，2009）。

湯泳詩，《一個華南客家教會的研究——從巴色會到香港崇真會》（香港：基督教中國文化研究社，2002）。

湯泳詩，《瑞澤香江：香港巴色會》（香港：香港大學美術博物館，2005）。

彭淑敏，《香港漁民教會》（香港：基督教中國宗教文化研究社，2023）。

《佰載英華》出版委員會，《佰載英華》（香港：三聯書店，2018）。

聖保羅書院同學會編，《中國・香港・聖保羅——165 年的人與時代》（香港：商務印書館，2016）。

楊錦泉，《白沙澳：歷史、文化與信仰的傳承》（香港：公教童軍協會，2014）。

樂艾倫，《伯大尼與納匝肋：英國殖民地上的法國遺珍》（香港：香港演藝學院，2006）。

劉紹麟，《古樹英華：英華書院校史》（香港：英華書院校友會，2001）。

劉紹麟，《中華基督教會合一堂史：從一八四三年建基至現代》（香港：中華基督教會合一堂，2003）。

劉紹麟，《香港華人教會之開基：1842 至 1866 年的香港基督教會史》（香港：香港神學研究院，2003）。

劉紹麟，《解碼香港基督教與社會脈絡：香港教會與社會的宏觀互動》（香港：基督教文藝出版社，2018）。

劉粵聲編，《香港基督教會史》（香港：香港浸信教會，1996）。

謝至愷，《圖說・香港殖民建築：從開埠到戰前・帝國殖民地一百年間的建築》（香港：共和媒體有限公司，2007）。

羅曼華編著，《華人教會手冊》（香港：世界華人福音事工聯絡中心，1981）。

Ha, Louis and Patrick Taveirne ed., *History of Catholic Religious Orders and Missionary Congregations in Hong Kong* (Hong Kong: Centre for Catholic Studies, the Chinese University of Hong Kong, 2012).

Hase, Patrick, *150 Years of Evangelization in Taipo* (Hong Kong: Immaculate Heart of Mary Parish, 2011).

King, Doreen, *St. John's Cathedral Hong Kong* (Hong Kong: St. John's Cathedral, 1987).

Nicolson, Ken, *The Happy Valley: A History and Tour of the Hong Kong Cemetery* (Hong Kong: Hong Kong University Press, 2010).

Ryan, Thomas F. *The Story of A Hundred Years: The Pontifical Institute of Foreign Missions in Hong Kong, 1858-1958* (Hong Kong: Catholic Truth Society, 1959).

Ryan, Thomas F., *Catholic Guide to Hong Kong* (Hong Kong: Catholic Truth Society, 1962).

Ticozzi, Sergio, *Historical Documents of the Hong Kong Catholic Church* (Hong Kong: Hong Kong Catholic Diocesan Archives, 1997).

Ticozzi, Sergio, "The Catholic Church in nineteenth century village life in Hong Kong," in *Journal of the Royal Asiatic Society Hong Kong Branch*, Volume 48, edited by Peter Cunich (Hong Kong: The Royal Asiatic Society Hong Kong Branch, 2008).

Vesey, Charlotte, *Celebrating St. Andrew's Church:100 Years of History, Life and Personal Faith* (Hong Kong: St. Andrew's Church, 2004).

Vines, Stephen, *The Story of St John's Cathedral* (Hong Kong: FormAsia Books Limited, 2001).

第四章：基督宗教節日

陳主顯，《歐洲宗教剪影——背景．教堂．禮儀．信仰》（台北：三民書局，2002）。

康志杰，《基督教的禮儀》（北京：宗教文化出版社，2011）。

顏路裔編，《節日漫談》（香港：道聲出版社，1983）。

第五章：東正教

伊拉里雍編，林森譯，《初識東正教：給居住在俄羅斯的中國人》（莫斯科：俄羅斯東正教會莫斯科宗主教辦公室出版社，2016）。

亞歷山大（米蘭特）編，正教會中華諸聖會譯，《正教會》（香港：香港聖彼得聖保羅教堂，2010）。

香港教區禮儀委員會辦事處編，《主降人間——美蔭天下》（香港：天主教香港教區禮儀委員會，2011）。

徐鳳林，《東正教聖像史》（北京：北京大學出版社，2012）。

逸名，侯健羽譯，《聖像的歷史、象徵和意義》（香港：香港聖彼得聖保羅教堂，2010）。

Bowker, John, *World Religions: The Great Faiths Explored & Explained* (London: Dorling Kindersley Limited, 1997).

Lim, Patricia, *Forgotten Souls: A Social History of the Hong Kong Cemetery* (Hong Kong: Hong Kong University Press, 2011).

其他參考資料：教會、教堂或修院的紀念特刊和網站。

□ 責任編輯：黎耀強
□ 裝幀設計及排版：甄玉瓊
□ 印　務：劉漢舉

神聖空間：
香港基督宗教建築

□
文 · 攝影
陳天權

□
出版
中華書局（香港）有限公司
香港北角英皇道 499 號北角工業大廈一樓 B
電話：(852) 2137 2338　傳真：(852) 2713 8202
電子郵件：info@chunghwabook.com.hk
網址：http://www.chunghwabook.com.hk

□
發行
香港聯合書刊物流有限公司
香港新界荃灣德士古道 220 - 248 號
荃灣工業中心 16 樓
電話：(852) 2150 2100　傳真：(852) 2407 3062
電子郵件：info@suplogistics.com.hk

□
版次
2025 年 7 月初版

□
規格
16 開（230 mm × 170 mm）

□
ISBN：978-988-8913-72-5